T0349456

DE PRINCESAS A REINAS

SARA NAVARRETE

DE PRINCESAS A REINAS

Claves para superar
las tres citas y construir
relaciones duraderas

Urano

Argentina – Chile – Colombia – España
Estados Unidos – México – Perú – Uruguay

ISBN: 978-84-18714-67-2
E-ISBN: 978-84-10365-51-3
Depósito legal: M-20.040-2024

Fotocomposición: Urano World Spain, S.A.U.

Impreso por: Rotativas de Estella – Polígono Industrial San Miguel
Parcelas E7-E8 – 31132 Villatuerta (Navarra)

Impreso en España – *Printed in Spain*

El libro está escrito por y para mis hijas…

*Mar de 3 añitos y Alba (que está en mi tripita),
por vosotras y por todas las mujeres. Para que siempre sepáis
ver vuestro valor y que os percibáis como las reinas que sois.
A mi marido, el amor de mi vida. Y por supuesto a mi
madre, por estar ahí siempre.*

Índice

9. Seis hábitos para una relación de pareja extraordinaria

Introducción: ¿Por qué he escrito este libro?

Bienvenida a *De princesas a reinas. Claves para superar las tres citas y construir relaciones duraderas.* Este libro nace del deseo de empoderar a las mujeres, de inspirarlas para confiar en sí mismas y salir de la represión que muchas veces las mantiene en roles pasivos dentro de las relaciones. Aquí no encontrarás simples consejos para abordar las citas, sino una guía profunda para transformar tu vida amorosa desde la raíz y convertirte en la reina que mereces ser.

¿Por qué este título? La metáfora de princesas a reinas es poderosa y significativa. Como mujeres, a menudo nos educan para esperar al príncipe azul que vendrá a rescatarnos, a satisfacer nuestras necesidades y a completar nuestras vidas. Sin embargo, es hora de cambiar ese paradigma. No necesitamos que nos rescaten ni esperar a nadie para validar nuestro valor. *De princesas a reinas* nos inspira para tomar las riendas de nuestras vidas y relaciones, reconocer nuestra propia fuerza y valor, y elegir compañeros que nos hagan sentir reinas.

El camino de princesa a reina es un viaje de autoconocimiento, autoaceptación y empoderamiento, y este libro te proporcionará las herramientas necesarias para superar las primeras tres citas, cruciales para establecer las bases de una relación sólida y significativa. Estas citas no son solo encuentros románticos, sino oportunidades para conocer de verdad a la persona que tienes enfrente, evaluar si comparte tus valores, tus metas y, lo más importante, si te hace sentir valorada y respetada. Cada capítulo está diseñado para guiarte a través de este proceso, desde cómo prepararte para la primera cita con confianza y autenticidad, hasta cómo comunicarte eficazmente y establecer límites claros. A lo largo del camino, descubrirás cómo identificar a los hombres que realmente te valoran y cómo construir una relación que no solo sea duradera, sino también enriquecedora y satisfactoria.

Empoderarte como mujer significa reconocer tu propio valor y no conformarte con menos de lo que mereces. Significa salir de la represión de expectativas sociales y personales que te limitan, y abrazar tu identidad y tus deseos con valentía y determinación. Cuando acabes de leer este libro, estarás equipada no solo para superar las tres primeras citas, sino también para construir una relación en la que puedas florecer y sentirte realmente como la reina que eres. ¡Bienvenida a tu viaje de transformación y empoderamiento!

Y no puedo empezar sin antes presentarme: me llamo Sara Navarrete, soy licenciada en Psicología por la Universidad de Valencia (2009) y psicóloga experta en autoestima, dependencia emocional y terapia de pareja. También soy madre de dos reinas, una de 3 añitos y de otra que llegará en unos meses, escritora, conferenciante, directora de dos centros de psicología clínica y de la salud en Valencia y Barcelona, y cuento con más de diez años de experiencia en la práctica clínica. Tras licenciarme en Psicología, empecé a interesarme por el área de la Psicología Clínica y Sanitaria. En la práctica clínica hago terapias individuales y de pareja enfocadas al tratamiento de la autoestima, la dependencia emocional y la terapia de pareja. Por mis sesiones de terapia han pasado muchísimas mujeres que, como tú, buscaban respuestas para conocerse en el amor y encontrar y mantener relaciones sólidas, estables y nada tóxicas; mi objetivo principal es ayudarte a alcanzar tu bienestar y tus objetivos personales.

Antes de seguir, déjame decirte que yo también fui una mujer como tú, que sentía que todo le iba bien en la vida, excepto el área de las relaciones de pareja. Tenía éxito en mi vida profesional, una familia que me quería y con la que disfrutaba, un grupo de amistades con las que podía compartir mi tiempo y aficiones, y me encantaba el deporte y viajar. Pero no lograba vincularme de forma exitosa con los hombres ni trasladar el éxito que tenía en mi vida a las relaciones de pareja, y esto me provocaba tristeza y soledad. Además, a esa frustración se sumaba el hecho de que sentía que no podía quejarme, pues ni mi entorno ni la sociedad entenderían jamás que una mujer independiente y de éxito anhelara tener una relación estable y formar una familia. Sentía que desear tener una pareja me convertía en una mujer débil y dependiente, y yo no quería eso. Hoy en día, siento que estoy con el amor de mi vida, y que, por supuesto, como mujer, se me presentan retos y desafíos vitales, esta vez como empresaria, madre y profesional. Retos que compartiré contigo en forma de pautas para que tú también puedas salir fortalecida.

Nos guste o no, quiero decirte que, por lo general, nuestra educación desde la infancia ha estado asentada sobre las bases de un sistema patriarcal en el que se impone el amor romántico, el mismo en el que se basan las películas y cuentos que vimos y leímos en nuestros primeros años de vida, cuentos que nos decían que, como mujeres, debíamos esperar a que un príncipe nos eligiera y nos salvara. Es decir, hemos entendido el amor desde niñas como algo por lo que hay que sacrificarse y sufrir en gran medida, así que difícilmente podremos encontrar y mantener relaciones igualitarias que nos aporten tranquilidad, estabilidad y gozo. Para que lo entiendas mejor, te quiero contar una historia:

Marta, de treinta y cinco años, como todas las niñas de su generación, creció con películas y cuentos sobre princesas, creyendo que el amor real solo podía ser igual que el de esas ficciones. Es decir, la princesa espera a ser elegida, no acciona y no toma la iniciativa, no es incoherente y contradictoria, sino correcta, pasiva y espera a que el prín-cipe la mire y la conquiste. Convencida por esa idea, Mar-ta buscaba en sus relaciones a un príncipe azul salvador por el que entregarlo todo y sacrificarse, y, obviamente, ese modelo de amor la llevó al sufrimiento y a la frustra-ción, porque la realidad es que, en las relaciones de pare-ja, a diferencia de lo que sucede en los cuentos clásicos de Disney, sí entra en juego la personalidad, los instintos, las contradicciones y las acciones de las mujeres. Volvien-do a Marta, cuando se hizo adulta y vio de nuevo la pelí-cula La Cenicienta, comprendió que la felicidad no era lo que le habían enseñado esos cuentos de hadas y se dio cuenta por fin de que todo era mentira, de que un hombre y una mujer se eligen mutuamente, que muchos hombres se sienten atraídos por mujeres completas que toman decisio-nes y construyen su propia vida. Por fin comprendió que lo que debía hacer para encontrar el amor era mirar primero hacia adentro, cuidarse y comenzar a escribir su propia historia, y buscar a un hombre dispuesto a estar a su lado por cómo era ella. Solo así podría dar su amor a los de-más. Y con este aprendizaje se liberó y sanó, y se sintió al fin segura, fuerte e independiente. Este suceso desencade-nante actuó probablemente como un espejo de su propia vida y experiencias. Al ver la historia desde una perspecti-va más madura, reconoció la discrepancia entre fantasía y realidad.

Comparar su vida y la historia de Cenicienta le per-mitió ver que las expectativas poco realistas que había mantenido sobre el amor y la felicidad estaban basadas en una ficción idealizada. Se dio cuenta de que esperar que un «príncipe azul» la salvara y completara su vida era irracional y no conducía a la verdadera felicidad.

Este momento de claridad y autoconciencia supuso un importante crecimiento personal para Marta. Al reconocer la falsedad de las expectativas que había sostenido, pudo empezar a reevaluar sus creencias y prioridades, y buscar una comprensión más realista y satisfactoria del amor y la felicidad.

Y, colorín colorado, este cuento se ha acabado. Puede que ahora te estés preguntando: «Pero, Sara, ¿el príncipe azul apareció o no?». Sí, apareció, pero no era ningún príncipe azul, porque la historia que trataré de contarte en este libro va de príncipes que no lo son y de princesas que, en realidad, son reinas. Quiero darte la bienvenida a un nuevo mundo en el que abrirás los ojos, descubrirás todas las mentiras que te han contado y sabrás desentrañar por qué no logras sentirte en paz cuando estás conociendo a alguien que te gusta.

Mi misión es que aprendas a construir relaciones sanas sin perder tu identidad. Ten siempre en mente que eres valiosa, solo debes quitarte la culpa con la que te han cargado los patrones aprendidos desde la niñez y comenzar a buscar lo que realmente te mereces.

¿Estás preparada para reescribir tu propia historia?

1. Un comienzo íntimo

Todo comenzó cuando, hablando sobre este libro con mi equipo, alguien propuso: «Sara, quizá podrías empezar con un capítulo en el que expliques tus vivencias pasadas y la circunstancia personal desde la que escribes este libro en el presente». En ese momento lo tuve claro: sí, a veces, las revelaciones más sencillas son las más potentes. No podría ser de otra manera. Y, aunque reconozco que soy una persona celosa de mi intimidad, creo que es importante que conozcas quién soy en el presente para que sepas desde qué lugar te hablo e interpretes mis palabras y consejos desde ahí.

Por lo general, llevo siempre conmigo una libreta, que utilizo a modo de diario, donde escribo mis pensamientos y sentimientos. Como supondrás, esa libreta es de uso privado y no suelo compartirla con nadie. Sin embargo, estoy dispuesta a compartir mi historia contigo en estas páginas con el deseo de que me conozcas mejor, te veas reflejada en mí y eso te ayude a sanar tu propia historia. Simplemente quiero mostrarte mi vulnerabilidad para que tú también puedas abrazar la tuya. Además, te animo a que te hagas con tu propia libreta y te liberes en ella, si no lo haces ya. Verás que es muy terapéutico. No es necesario que los textos sean perfectos, pueden ser simplemente anotaciones, pensamientos sueltos, emociones momentáneas… o pueden ser entradas de diario más extensas que redactes, por ejemplo, al final del día. Verás que, poco a poco, tus pensamientos se ordenarán y cargarás con menos peso al dialogar contigo en esa libreta. A lo largo del libro te iré proponiendo ejercicios que podrás plasmar en ese diario, pero ahora sigamos hablando de mi historia; mi historia sentimental, para ser más exacta.

Paciencia: el amor siempre llega

Durante muchos años de mi vida, me sentí perdida y pensé que jamás encontraría a un hombre que mereciera la pena, pero llegó. O, mejor dicho, yo logré atraerlo y conservarlo. Ese hombre con el que tengo una relación se llama Miguel.

Tras pasar una larga etapa en la que estuve atrapada en un bucle de relaciones fallidas, casi había perdido la fe, pero, cuando dejé de intentarlo tanto y me dediqué a cuidarme más a mí misma y a atraer solo lo bueno, Miguel apareció. Claro que hubo hombres interesados en mí antes de él, pero eran relaciones que no me llenaban. Además, a mí me gustaban los hombres que no estaban disponibles (un tremendo problema), por lo que me costó darme cuenta de que había hombres como Miguel que sí merecían la pena y en los que debía enfocarme. Mi cambio de perspectiva cambió mi vida.

Pero ¿por qué me pasé media vida fijándome solo en hombres que no estaban disponibles? Por mi padre, que seguramente leerá este libro y con quien he logrado sanar mi relación. Él influyó mucho (inconscientemente) en que yo tuviera este vínculo tóxico con los hombres. Te cuento brevemente su historia:

Él fue comercial y tenía que viajar mucho, así que estaba un promedio de tres semanas fuera de casa cada mes. Cuando sí estaba, alteraba toda la dinámica familiar que mi madre había creado con mi hermana y conmigo, y cuando digo que alteraba la dinámica familiar me refiero a que mi madre imponía unas normas y rutinas en las que él quería participar y hacer cambios; sin embargo, era muy complicado que, en el poco tiempo que estaba en casa, esos cambios fuesen tangibles, cosa que lo frustraba y lo hacía desistir de participar en las dinámicas familiares. Todo esto hizo que su forma de vincularse con nosotras fuese desde la distancia emocional. A todo esto hay que sumar que, debido a su trabajo, no podía pasar mucho tiempo con nosotras, lo que generó en mí un gran vacío y la necesidad constante de buscar una figura masculina de apego. Esa fue una herida de rechazo que tuve de niña y que me marcó en la edad adulta. Por suerte, la utilicé para crecer y construir una nueva relación con mi padre. Ahora tengo una relación maravillosa con él, ya que, con el tiempo, he aprendido a no culparlo y a comprender que su manera de relacionarse no era la correcta porque no sabía hacerlo mejor. Con el tiempo comprendí que no era culpa suya, aprendí a perdonar y sané mi herida (eso sí, con terapia de por medio). Ahora tenemos una relación padre-hija mucho más real y positiva.

Por suerte, en la actualidad, las cosas han cambiado y los hombres son más conscientes de la importancia de estar presentes para sus hijos e hijas. Pero, a pesar de la época en la que me tocó vivir mi infancia y adolescencia, creo que, igualmente, mi padre fue, y es, mi mejor maestro. Él, que estará leyendo esto, es consciente de la herida que generó en mí, y tengo la suerte de haber podido cerrarla a su lado. La parte positiva de mi padre es que sabe aceptar sus errores y carencias, y gracias a eso nuestra relación comenzó a sanar y a ser preciosa cuando, hace diez años, nació Mar, mi primera hija. Es curioso cómo, para mí, la llegada de una hija me hizo plantearme la relación con mis padres en la niñez y sentí la necesidad de enfocarlo todo de otro modo para cambiar mi manera de mirar y, por consiguiente, mi manera de ser.

Claro que este cambio no fue fácil ni instantáneo; tras mucha terapia y conversaciones con mi padre, logré romper esa dinámica tóxica que arrastraba y que me hacía sentirme atraída por hombres emocionalmente no disponibles. ¿Por qué actuaba así? Porque tener este tipo de vínculos me acercaba a mi padre (a nivel subconsciente), pues era lo que yo conocía: hombres emocionalmente no disponibles que, como mi padre, no se dejaban ver ni se involucraban realmente en sus relaciones cercanas. Ese fue mi modelo en la infancia, así que, en la adultez, me sentía atraída por aquellos que, de forma subconsciente, no estaban disponibles para una relación, porque en realidad yo, aunque quisiera una pareja, no estaba preparada. Y para estarlo debía sanar mis heridas, y debía cuidar y atender a esa niña herida que dominaba mis relaciones de pareja.

¿Cómo comenzar ese cambio? Tratando de no limitar mis posibilidades y de superar mi miedo a sentirme abandonada como me sentí en la infancia. Enfrentándome a los mensajes limitantes para romperlos desde dentro. Me enfrenté a mensajes limitantes como «Jamás tendrás pareja» o «Tú no eres merecedora de un hombre que te elija y se quede en tu vida». Había llegado a aceptar que nunca podría tener una relación de pareja estable, pero eso cambió cuando la relación con mi padre sanó.

Durante esa etapa oscura, también recuerdo pensar que no encajaba con nadie. Sentía que todo estaba perdido. Ese sentimiento duró unos cuatro años. En esa época yo vivía sola en Valencia, salía con mis amigas, tenía un gran trabajo e independencia económica, pero, aunque mi vida fuese prácticamente perfecta, sentía un gran vacío. Y he de decirte que creo que siempre fue así, pero esa sensación se potenció mucho en la etapa de mi vida en la que me sentía exitosa a muchos niveles, pero no lograba trasladar ese éxito al área de la pareja.

No voy a decirte que fue fácil superarlo, me costó muchísimo, pero logré salir de ese lugar tan oscuro en el que me había instalado. Y cuando logré que mi adulta abrazara a esa niña herida y la dirigiera, rompí el hechizo que me tenía atrapada y encontré al amor de mi vida, Miguel.

Ahora, cuando echo la vista atrás y me pregunto cómo lo hice, me doy cuenta de que no me di más opción que hacerlo. La única vía que me mostraba a mí misma para mejorar era la de salir fortalecida y empoderada del círculo vicioso de estar con parejas que no me aportaban nada bueno, sino que más bien me lo quitaban. Y justamente eso es lo que quiero ayudarte a hacer en este libro para que tú también puedas salir a la superficie, coger aire y mostrar tu mejor versión.

Por supuesto, no pretendo decirte que mi caso es igual que el tuyo. No sé si tú también tienes problemas de vínculo con los hombres que provienen de una figura paterna ausente o no; tendríamos que iniciar un proceso de terapia juntas para averiguarlo. Lo que sí sé es que si estás en un bucle de relaciones fallidas es porque algo en ti está esperando sanar. No es natural que, si te va bien en todas las áreas de tu vida, falles una y otra vez en las relaciones. Y justamente por eso escribo el libro, para mostrarte el camino y que puedas transitarlo y construir relaciones sanas sin perder tu identidad.

Hoy comienza tu cambio: Método Ahora Yo

Tras el proceso personal que acabo de compartir contigo, estudié todo lo que pude y diseñé un tratamiento específico para mujeres exitosas que deseaban trasladar ese éxito al área de las relaciones de pareja y, posteriormente, me lo apliqué a mí misma para comprobar que funcionaba. Todo lo que aprendí e integré en aquellos años es lo que trabajamos en nuestra terapia: el Método Ahora Yo. Quiero compartir este enfoque contigo a lo largo de este libro para que puedas ponerlo en práctica y cambiar tu perspectiva en el amor.

Para mí, el mayor descubrimiento que hice en esos años de oscuridad y relaciones con hombres no disponibles, en los que el desamor teñía mi día a día, fue darme cuenta de que somos válidas y de que la vida nos impulsa hacia la sanación, la abundancia, la prosperidad y, cómo no, hacia el amor. La vida nos impulsa hacia la sanación de manera natural, por ejemplo, si te haces una herida, el cuerpo la sana. Te digo esto porque a veces somos nosotras mismas, con nuestras decisiones, las que impedimos que este proceso de sanación sea tan natural. Por ejemplo, en mi caso, si solo escogía a hombres que no estaban decididos a tener una relación de pareja, nunca podría tenerla. Yo misma me ponía palos en las ruedas, y así era imposible avanzar. Puede parecer demasiado sencillo, pero quiero que sepas que atraes lo que proyectas. Por tanto, si proyectas que tendrás éxito en la faceta amorosa y te relacionas con personas abiertas al amor, es mucho más probable que salga bien (no te preocupes, a lo largo del libro veremos el paso a paso para lograrlo).

Además de a la sanación, la vida también nos empuja hacia la abundancia, así que no limites tus opciones ni tu capacidad de acción con pensamientos e ideas limitantes como los que te exponía en el apartado anterior. La vida nos da muchas opciones (abundancia), y nosotras debemos escoger las que más nos convengan y las que mejor se adapten a nuestras necesidades.

Para que entiendas las opciones de abundancia que nos da la vida, te voy a hablar de Juan, un paciente que llegó a mi porque había pasado por relaciones amorosas difíciles en el pasado. Después de una serie de decepciones, comenzó a sentir que el amor era escaso y que nunca encontraría a alguien que lo valorara de verdad.

Sin embargo, un día conoció a Sofía, una persona increíble que irradiaba amor y comprensión. A través de su relación, Juan experimentó una nueva perspectiva del amor. Descubrió que el amor no es escaso, sino abundante y diverso en formas y expresiones. Juan había vivido experiencias en las que sus parejas solían comportarse de forma poco generosa con él, no le dedicaban mucho tiempo y tampoco lo priorizaban. Pero con la llegada de Sofía, Juan experimentó una conexión profunda y significativa que le mostró que hay múltiples formas de amar y ser amado. A medida que su relación crecía, ambos se apoyaban, se comunicaban abiertamente y se dieron cuenta de que el amor no se limita a una única forma o persona.

Este ejemplo ilustra cómo, en el ámbito del amor no económico, la abundancia se manifiesta en la diversidad de conexiones significativas y en la capacidad de experimentar el amor de diferentes formas y en distintos momentos de la vida. Se trata de saber alejarse de personas con las que de forma natural no brota esa abundancia amorosa y de cariño, y tratar de evitar forzar relaciones que de entrada no fluyan.

Esta creencia sobre la abundancia se encuentra en varias tradiciones espirituales y filosóficas como la budista, donde se enfatiza la importancia de la generosidad y el desapego material para alcanzar la verdadera felicidad y el bienestar. y es una perspectiva que a menudo se asocia con la ley de la atracción de la que te hablaré más adelante, así como con otras enseñanzas que sugieren que nuestras creencias, pensamientos y manifestaciones de la abundancia pueden influir en todos los aspectos de nuestra realidad.

Por este motivo, a lo largo de nuestro viaje juntas te explicaré de forma sencilla estos principios de abundancia asociados al disfrute del amor.

Deseo matizar que cuando hablo de «abundancia» no me refiero a una invitación a la opulencia material, sino a una filosofía integral que abraza la idea de que merecemos y podemos alcanzar la plenitud en todas las facetas de nuestra vida. Una filosofía integral que implica que debemos entender que la vida tiene reservada para nosotras un sinfín de oportunidades y que no se limita únicamente a la riqueza material, sino que abarca un abanico de aspectos, incluidos el amor, la salud, el crecimiento personal y profesional, así como la realización de nuestras aspiraciones más profundas. La obtención de esta abundancia no consiste, por tanto, en la acumulación de posesiones materiales, sino en cultivar un estado mental y emocional que nos permita reconocer y recibir todo lo bueno que la vida tiene para ofrecernos.

Obviamente, alcanzar este estado de abundancia y plenitud no es sencillo y requiere, en primer lugar, una transformación interna: una apertura consciente y receptiva a las posibilidades que la vida nos presenta, basada en una mirada positiva sobre nuestro alrededor y nosotras mismas. Como inicio, para mirar así debemos desarrollar una mentalidad de gratitud y aprecio por lo que ya poseemos, al tiempo que mantenemos nuestras mentes abiertas a nuevas experiencias y conexiones. La práctica de la gratitud se convierte así en una herramienta esencial para ampliar nuestra percepción de la abundancia, que nos permite reconocer todo lo bueno que está presente en nuestra vida cotidiana (ese café que te tomas con calma por la mañana, la luz que entra por las ventanas de tu casa, tus relaciones familiares y sociales, tus momentos de ocio y descanso, el deporte que te gusta, el restaurante donde disfrutas...). Suena a cliché, pero créeme que cuando educas a tu mente para que tome conciencia de lo afortunada que eres, todo cambia. Solo creando una conexión más profunda con nuestro interior y con el mundo que nos rodea nos volveremos receptivas a la riqueza y la plenitud que la vida tiene reservadas para cada una de nosotras. En resumen, la abundancia es una invitación a vivir con plenitud, a reconocer que merecemos experimentar el amor, la prosperidad y el éxito en todas las áreas de nuestra vida.

En mi experiencia personal relacionada con la abundancia, recuerdo que en esa etapa de estudio en la que ideé el Método Ahora Yo me dediqué a leer muchos libros sobre dependencia emocional para comprender mis propios patrones, reiniciarlos desde dentro y conseguir romperlos. En aquel momento profundicé en el estudio de la psicología de las relaciones, y ese viaje me llevó al estudio de las creencias y patrones de comportamiento que influyen en la falta de capacidad de una mujer exitosa para establecer vínculos amorosos satisfactorios. Para ir abriendo boca, podríamos resumir estas creencias y patrones generales en los siguientes puntos:

- Autoexigencia extrema: algunas mujeres exitosas pueden tener altas expectativas de sí mismas en todos los aspectos de su vida, incluidas las relaciones. Esto puede llevar a una autoexigencia extrema, donde se aspira a la perfección en todas las áreas, lo cual resulta difícil de mantener en el contexto romántico. Déjame decirte algo: la perfección no existe.
- Miedo al compromiso: puede surgir debido a experiencias pasadas, miedos personales o a la percepción de que una relación podría limitar la libertad o el éxito profesional.
- Priorización exclusiva del éxito profesional: en ocasiones, se prioriza tanto el éxito profesional que se descuida el aspecto romántico. Puede ser necesario reajustar las prioridades para permitir espacio a una relación amorosa.
- Miedo al desequilibrio de poder: en las relaciones, especialmente cuando hay diferencias significativas en cuanto a éxito profesional, puede surgir el temor al desequilibrio de poder, que afectará a la capacidad para confiar y comprometerse plenamente en una relación. Muchas mujeres me han llegado a decir que sus parejas no toleraban que ellas fuesen más exitosas.
- Escasa autoestima: aunque pueda parecer contradictorio, algunas mujeres exitosas pueden experimentar baja autoestima, especialmente si sienten que su valía está vinculada únicamente a sus logros profesionales. Esto afecta negativamente a la calidad de las relaciones personales.
- Miedo al juicio social: el temor al juicio de los demás, especialmente si la mujer exitosa ocupa un rol público, puede influir en sus elecciones de pareja. El miedo al escrutinio puede llevar a mantener relaciones privadas o a evitar compromisos públicos.

¿Te sientes identificada con alguno de estos patrones de conducta? Abordar estos patrones y creencias requiere autoexploración, reflexión y, en algunos casos, ayuda profesional. Pero, sea cual sea tu caso, la autenticidad y la valentía a la hora de abordar las propias heridas emocionales es crucial para lograr una relación que realmente valga la pena. Y, querida, al decidir leer este libro, ya has dado un gran paso, has tomado tu gran decisión.

Quiero cerrar este capítulo dándote la enhorabuena, pues estás a punto de comenzar tu camino, así que, antes de que eches a andar, quiero hacerte un recordatorio importante: te mereces el amor y lograrás tenerlo, brilla y permítete sentir que eres merecedora de todo lo bueno.

Nos vemos en el siguiente capítulo, donde te mostraré qué es una relación sana y, querida, te vas a sorprender.

2. ¿Cómo es una relación sana?

Quiero comenzar este capítulo contándote la historia de Marta:

En general, se podría decir que a Marta la vida le va bien. Trabaja en lo que le gusta, tiene familia y amigos que la quieren... pero no tiene pareja, cosa que Marta desea.

Un día, Marta conoce a Carlos, que parece la pareja perfecta: se comunica bien, tiene interés y es detallista con ella. Pero Carlos se agobia al poco de comenzar la relación y le dice que necesita un tiempo. Los mensajes que Marta recibe son de lo más desconcertantes. Durante una charla que dura muy pocos minutos, Carlos le explica que es una chica diez, y que él no encontrará nunca a nadie que lo quiera como ella, pero que ha aparecido alguien de su pasado, cosa que lo ha confundido, y que necesita pensar. También le dice que ella le gusta de verdad, que cree que es muy buena y que, aunque no la quiere perder, tampoco puede estar con ella.

Carlos se toma su tiempo, pero sigue presente. Le manda mensajes de vez en cuando en los que le pregunta cómo está y hace como si no hubiera pasado nada. Mientras tanto, el tiempo pasa.

En ese periodo, Marta vive en un estado de constante incertidumbre y ambigüedad emocional, se siente fatal y pasa los días pensando en Carlos. Ya no disfruta de sus amigas, ni del deporte que tanto le gustaba porque se siente muy triste y ansiosa. Los mensajes esporádicos de Carlos la mantienen en un constante vaivén emocional y no puede evitar preguntarse a cada rato sobre el estado real de su relación. Su mente se mantiene ocupada con preguntas sin respuesta y posibles interpretaciones de la actitud de Carlos.

En este periodo de espera, Marta experimenta una serie de emociones contradictorias. Por un lado, se siente aliviada de que Carlos aún esté presente y mantenga el contacto, lo que podría interpretarse como un signo de interés continuo. Sin embargo, esta sensación de alivio se ve eclipsada por la ansiedad y la frustración causadas por la falta de claridad sobre la dirección de la relación. Marta encuentra momentos de esperanza al recibir los mensajes de Carlos, que le hacen pensar que tal vez la relación podría recuperarse, porque se dice que, si no la quisiese, no le escribiría. Sin embargo, la falta de compromiso evidente por parte de él apaga esos destellos de optimismo y le generan dudas sobre sus auténticas intenciones.

Un día, después de unos cuantos meses, Carlos le escribe y le propone quedar. Marta acepta. Se citan en el bar al que solían ir y, aunque al principio están un poco cortados, a medida que pasan los minutos la conversación va fluyendo y comienzan a sentirse más cómodos. Claro, a Marta le encanta Carlos y Carlos se siente atraído por Marta. Una cosa lleva a la otra y terminan pasando una maravillosa noche juntos.

Al día siguiente, al despertar, Carlos se muestra distante. Marta comienza a inquietarse y le pregunta qué le pasa. Él le vuelve a explicar lo que ya le ha dicho: la persona del pasado sigue ahí y él necesita tiempo.

Marta pensaba que pasar la noche con Carlos querría decir que él volvería a comprometerse, pero no es así, por lo que ahora ella se encuentra en un estado de confusión y desconcierto. Había albergado la esperanza de que aquel encuentro significaría un retorno al compromiso, una especie de renacer de su relación. Sin embargo, al darse cuenta de que las expectativas que había construido no se alineaban con la realidad, experimenta una mezcla de emociones. En esos momentos, Marta siente decepción y vulnerabilidad, ya que la disparidad entre sus expectativas y la realidad le genera una sensación de desilusión y tristeza profundas. Su cabeza no para de dar vueltas y de preguntarse por qué Carlos no está respondiendo como ella había imaginado, Marta no sabe cómo interpretar aquel encuentro íntimo en el contexto más amplio de su relación. A pesar de la desilusión, Marta también experimenta una lucha interna entre aceptar la situación tal como es o expresar sus expectativas y necesidades. Se debate entre la posibilidad de confrontar a Carlos para buscar claridad y expresar sus emociones, o aceptar la realidad actual y esperar a ver cómo se desarrolla la situación. Debe tomar uno de los dos caminos, así que decide esperar, lo que depende, en gran medida, de su tolerancia a la ambigüedad y su disposición a afrontar la incertidumbre. Marta decide darle a Carlos el beneficio de la duda, creyendo que quizás necesita más tiempo para procesar sus sentimientos y pensamientos.

Sin embargo, aunque acepta la espera, Marta también experimenta ansiedad por el futuro de su relación. La falta de claridad le genera inseguridad y preguntas sin respuesta, y ella necesita sentirse bien, porque ya son muchos meses de incertidumbre y dudas sobre si podrá de verdad soportar aquella espera.

Nuevamente, pasan los meses. Carlos sigue distante y Marta tiene cada vez más ansiedad. Siente que toda su vida gira en torno a él, se siente condicionada a esperar a que él le llame para quedar. Entonces toma una decisión: hablar con él y expresarle su malestar.

Marta le dice a Carlos que quiere quedar y hablar con él, pero, para sorpresa de Marta, Carlos le dice que no y empieza a ponerle excusas y a decirle que ya le dirá algo. Entonces Marta le manda un mensaje de WhatsApp en el que vuelca su malestar. Pasan los días y los meses y él jamás responde a aquel mensaje. Marta entiende que, en realidad, Carlos ha estado utilizándola mientras conocía a otras mujeres (descubrió por una amiga que la supuesta persona del pasado no existía) y que al final ha conocido a otra chica con la que se ha comprometido y se ha ido a vivir.

Te he contado la historia de Marta porque ella, un día, ya muy angustiada por esta situación, decidió comenzar terapia conmigo; me contó lo que le estaba pasando y me mostró algunas de las conversaciones que tuvieron durante los días que duró la historia que te contaba antes:

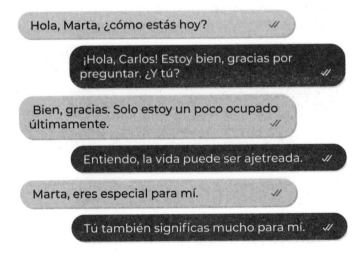

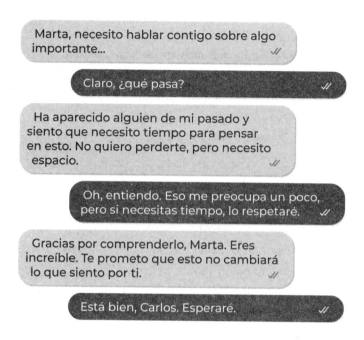

Marta, necesito hablar contigo sobre algo importante...

Claro, ¿qué pasa?

Ha aparecido alguien de mi pasado y siento que necesito tiempo para pensar en esto. No quiero perderte, pero necesito espacio.

Oh, entiendo. Eso me preocupa un poco, pero si necesitas tiempo, lo respetaré.

Gracias por comprenderlo, Marta. Eres increíble. Te prometo que esto no cambiará lo que siento por ti.

Está bien, Carlos. Esperaré.

Luego me mostró una conversación que sucedió unas semanas después de la primera, cuando volvieron a verse de nuevo:

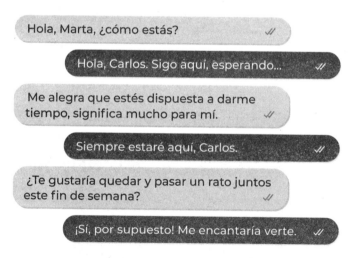

Hola, Marta, ¿cómo estás?

Hola, Carlos. Sigo aquí, esperando...

Me alegra que estés dispuesta a darme tiempo, significa mucho para mí.

Siempre estaré aquí, Carlos.

¿Te gustaría quedar y pasar un rato juntos este fin de semana?

¡Sí, por supuesto! Me encantaría verte.

Y, por supuesto, se vieron y pasaron una noche juntos. Marta se ilusionó con volver a verse y con que todo iría bien, pero, como ya sabemos, pasó lo siguiente:

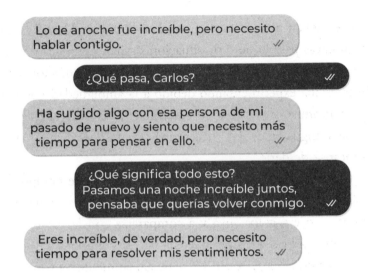

Lo de anoche fue increíble, pero necesito hablar contigo.

¿Qué pasa, Carlos?

Ha surgido algo con esa persona de mi pasado de nuevo y siento que necesito más tiempo para pensar en ello.

¿Qué significa todo esto? Pasamos una noche increíble juntos, pensaba que querías volver conmigo.

Eres increíble, de verdad, pero necesito tiempo para resolver mis sentimientos.

Marta decidió darle tiempo después de leer sus palabras, estaba convencida de que sería capaz, pero la ansiedad la venció y necesitó retomar el contacto y buscar una respuesta firme por parte de Carlos. Esto es lo que se dijeron:

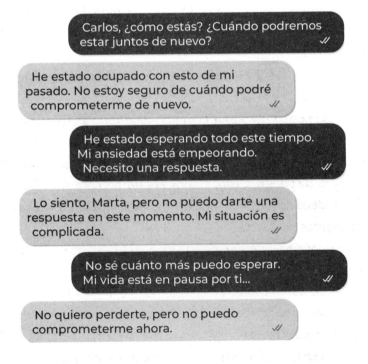

Carlos, ¿cómo estás? ¿Cuándo podremos estar juntos de nuevo?

He estado ocupado con esto de mi pasado. No estoy seguro de cuándo podré comprometerme de nuevo.

He estado esperando todo este tiempo. Mi ansiedad está empeorando. Necesito una respuesta.

Lo siento, Marta, pero no puedo darte una respuesta en este momento. Mi situación es complicada.

No sé cuánto más puedo esperar. Mi vida está en pausa por ti...

No quiero perderte, pero no puedo comprometerme ahora.

¿Te suenan esta conversación y la historia de Marta? Puede que tú hayas pasado por una situación similar, o alguna amiga o conocida. La conversación refleja la montaña rusa emocional que Marta estaba experimentando debido a la ambigüedad y la falta de compromiso de Carlos en su relación. Es normal que ella estuviera angustiada, pues necesitaba una respuesta que Carlos era incapaz de darle.

¿Quieres saber qué pasó con Marta durante este tiempo? La situación comenzó a hacer mella en su autoestima. Empezó a plantearse si era culpa suya y a compararse con la persona del pasado de Carlos, pensando que ella no era tan buena y que por eso Carlos no la elegía y tenía dudas. En su mente, la otra chica era perfecta y por eso Carlos se iba de su lado. Esto le provocaba un gran malestar y una eterna sensación de insatisfacción, de no ser suficiente. Comenzó a sentir ansiedad en el pecho y se volvió una mujer obsesiva que no dejaba de mirar su teléfono por si Carlos escribía. No entendía por qué, si habían estado tan bien, él ya no quería estar con ella. Después, cuando descubrió que no había persona del pasado, Marta se sintió engañada y muy culpable por haber confiado en él.

Pero la realidad es que Carlos nunca estuvo disponible para Marta, él no la quería dejar escapar, pues sabía que siempre que él desease podría encontrar cariño y calor junto a ella, pero también sabía que no quería comprometerse. Carlos no era claro con Marta porque eso implicaría soltarla y dejarla ir, y por supuesto, no estaba dispuesto a ello. Carlos era un hombre sin responsabilidad afectiva. Pues en ningún momento tuvo en cuenta los sentimientos de Marta.

Pero, querida, déjame decirte algo: el único error que cometió Marta fue quedarse al lado de Carlos. Marta debió salir corriendo de esa relación en cuanto vio indicios de su falta de compromiso y ambigüedad. Muchas veces nos cuesta ver la realidad, porque deseamos que sea de otra forma. Al final de la terapia, Marta se dio cuenta de que su deseo de que la relación con Carlos funcionase no le había dejado ver la realidad: y es que Carlos no era la persona de la que se había enamorado, y que él se estaba comportando de forma muy egoísta. Marta aprendió de la situación, y te animo a que, si te ha pasado algo similar, no te culpes y saques el mayor aprendizaje posible. Porque hemos de ver a las personas que pasan por nuestra vida y nos generan sufrimiento como maestros y maestras que vienen a enseñarnos. En concreto, Marta aprendió a elegir mejor a los hombres y a poner límites mucho antes. Si este es tu caso, este es el mejor consejo que puedo darte. Huye cuanto antes, mereces un lugar más seguro, un lugar mejor.

Hay muchos hombres que detrás de esa comunicación fluida y un aparente afrontamiento de las emociones, esconden cierto grado de psicopatía. Sí, sé que la palabra «psicopatía» suena fuerte, pero como mujeres tenemos que comenzar a identificar al depredador emocional, que, aunque se presente como un príncipe, termina siendo el lobo que se va a comer a Caperucita. Lo bueno es que identificarlo es sencillo: cuando un hombre duda de si quiere estar contigo o no, sal de ahí. Así de simple. Porque un hombre que te ama jamás dudará, y aún menos te planteará que está tratando de decidir entre tú y otra mujer.

Por supuesto, no quiero generalizar, ya que hay muchos tipos de hombres, por lo que voy a hacer un resumen para que podamos identificar a Carlos entre el resto, a ese Carlos que, a pesar de su aparente madurez, muestra una gran incongruencia en el momento de estar presente en la vida de Marta. Teniendo en cuenta que estas categorías son simplificaciones y que la realidad tiene muchos más matices, esta es la lista de tipos de hombre que quiero compartir contigo:

- Hombres seguros y comprometidos: tienden a ser seguros de sí mismos en las relaciones. Son abiertos, honestos y están dispuestos a comprometerse. Valoran la comunicación y están dispuestos a trabajar en la relación para que sea exitosa,

- Hombres evasivos o distantes: pueden ser más reservados o distantes en las relaciones, o tener dificultades para expresar sus emociones o para comprometerse del todo. A menudo, necesitan más espacio personal.
- Hombres apasionados y entregados: se entregan por completo a la relación y son extremadamente apasionados. Pueden ser intensos y a menudo buscan una conexión emocional profunda.
- Hombres independientes o solteros por elección: son los que eligen permanecer solteros o valoran su independencia por encima de todo. Pueden disfrutar de relaciones casuales, pero no están interesados en comprometerse a largo plazo.
- Hombres inseguros o celosos: pueden experimentar una alta ansiedad en las relaciones, ser celosos, necesitar constante validación o temer la pérdida de la pareja.
- Hombres comprometidos con el crecimiento personal: son los que, no solo están comprometidos con la relación, sino también con su propio crecimiento personal. Pueden buscar el desarrollo emocional y la autorreflexión.
- Hombres que buscan una figura materna o protectora: pueden buscar en la pareja una figura materna o protectora, lo cual puede reflejarse en relaciones de dependencia emocional.
- Hombres que evitan el compromiso a largo plazo: pueden disfrutar de relaciones casuales, pero evitan el compromiso a largo plazo, y suelen temer el compromiso o sentir que no están listos para asumir esa responsabilidad.
- Hombres que valoran la amistad en la pareja: valoran la amistad como la base de una relación sólida, y suelen enfocarse en compartir intereses, actividades y un profundo sentido de camaradería con su pareja.

- Hombres que buscan estabilidad y seguridad: buscan relaciones que les brinden estabilidad y seguridad emocional, y suelen ser leales y enfocarse en construir un hogar y una vida juntos.

Mi intención al escribir este capítulo es que descubras y entiendas cómo es una relación sana, cómo has de sentirte cuando el amor llama a tu puerta y cuándo hay que salir de ahí. Ser capaz de comprender los tipos de hombres y la forma en la que estos se vinculan en relaciones románticas y en su vida en general puede ayudarte a detectar cuáles te convienen y cuáles no. Si aún no lo tienes claro del todo, te propongo un ejercicio simple para que traslades los tipos de hombre a tu propia experiencia y comprendas con qué tipo de vínculos has experimentado en el amor.

El siguiente ejercicio tiene como objetivo que hagas un pequeño viaje hacia tu interior y descubras qué patrón has seguido con tus parejas hasta la fecha. Más adelante volveremos a esta lista para reflexionar sobre los aprendizajes que nos han dejado nuestras relaciones anteriores.

Quiero que veas a tus exparejas como maestros que te acercan hacia lo que realmente deseas, pues si eres capaz de sacar el aprendizaje oculto que cada persona que ha compartido la vida contigo te ha dejado, el amor verdadero llegará. Y lo más importante es que tú serás capaz de reconocerlo, disfrutarlo y sostenerlo a largo plazo.

Ver a las exparejas como maestros puede tener varios beneficios en el crecimiento personal y en la capacidad de mantener relaciones más saludables en el futuro. Algunos de estos beneficios son:

1. Aprendizaje: cada relación pasada ofrece lecciones valiosas sobre uno mismo, las dinámicas de pareja y lo que se valora en una relación. Ver a los ex como maestros permite identificar y aprender de las experiencias pasadas, lo que ayuda a mejorar futuras relaciones.

2. Autoconocimiento: reflexionar sobre las relaciones pasadas ayuda a comprender mejor las propias necesidades, deseos, patrones de comportamiento y áreas de crecimiento personal. Esto facilita el desarrollo de una mayor autoconsciencia y autoaceptación.

3. Madurez emocional: al ver a los ex como maestros, se desarrolla una actitud más madura frente a las rupturas y los desafíos en las relaciones. Esto implica aprender a gestionar las emociones de manera más saludable, aceptar el cambio y seguir adelante de manera constructiva.

4. Empatía: reconocer que nuestras exparejas también son seres humanos con sus propias experiencias y lecciones puede fomentar la empatía hacia ellos. Esto puede ayudar a sanar resentimientos pasados y a cultivar una actitud más compasiva hacia todas las personas involucradas en una relación pasada.

5. Mejora de futuras relaciones: al aprender de las relaciones pasadas y ver a nuestras exparejas como maestros se pueden evitar patrones dañinos o repetitivos en futuras relaciones. Esto puede conducir a relaciones más saludables, basadas en una mayor comprensión de uno mismo y de los demás.

Ahora sí, visto el objetivo de este ejercicio, recupera el diario que te comenté en el capítulo anterior y coge papel y boli: apunta los nombres de los hombres con los que has tenido una relación que consideres importante, puede ser de pareja o un vínculo sentimental relevante. Vamos a descubrir qué tipo de hombre son y cómo se vinculan para que puedas entender mejor qué sucedió entre vosotros, así que escribe al lado de cada nombre el tipo de hombre con el que lo identifiques. Para ello, vuelve a la página 36, donde tienes la lista de los tipos de hombre y ve anotando al lado cómo han sido. Veras como solo el hecho de tomar consciencia ya genera un gran cambio en ti.

El amor auténtico es sano

Bien, ahora que ya sabes a rasgos generales qué tipos de hombre existen y con cuáles te has vinculado, será más sencillo que comprendas que nuestro querido Carlos es una persona con conflictos emocionales que tiene dificultades para tomar decisiones en sus relaciones. Por lo tanto, por mucho que Carlos aparente cierto interés en Marta, su comportamiento muestra falta de claridad y consistencia en sus sentimientos y acciones. La realidad es que Carlos no está en un lugar emocionalmente estable para mantener una relación comprometida. Su incapacidad para ofrecer una respuesta clara y su tendencia a buscar espacio y luego volver a involucrarse puede generar confusión y angustia en la otra persona, en este caso, Marta. Y, como es obvio, esa incapacidad de Carlos para proporcionar claridad y comprometerse puede causar tensión y frustración en su relación.

Existen muchos Carlos y Martas y, como te he comentado antes, quizá tú misma estés viviendo una situación así. Se trata de un patrón que se repite mucho y, cuando nos vemos involucradas en una situación como esta (que desde luego no es sencilla de gestionar cuando se está viviendo), tendemos a fijarnos en Carlos y tratar de analizar su conducta. Pero no nos planteamos lo siguiente: «¿Qué hay de malo en Marta? ¿Por qué no sale de esa relación?».

En el momento en el que aparece un Carlos en nuestra vida nos obsesionamos con él y tratamos de entender su conducta, basada en que duda de si quiere estar con nosotras, lo que genera una relación tóxica desde el inicio. Por eso quiero enseñarte cómo es una relación sana y cómo has de sentirte en ella, para que sepas que ahí sí. Porque de verdad veo que estamos perdidas y pensamos que el amor es complicado, que lo que vale la pena cuesta esfuerzo y que tenemos que poner empeño para que nos quieran y nos elijan. Y nada más lejos de la realidad.

Cuando estás en una relación de pareja, lo primero que has de sentir es **paz**. Esto es lo que sentí yo cuando conocí a Miguel y lo que me dicen los cientos de testimonios de las mujeres que trabajan con nosotras. Cuando conoces a un hombre que vale la pena y que será importante se convierte en tu **casa,** sientes **paz**. En una relación de pareja sana deberías sentirte caminando sobre nubes de algodón. Es como cuando te pones tu vestido favorito y te sientes cómoda y hermosa. Estas son las principales señales que te indicarán que estás en una relación de pareja sana:

- Sensación de felicidad y tranquilidad: te sientes contenta y tranquila cuando estás con tu pareja. No tienes que preocuparte por discusiones constantes o dramas innecesarios.
- Respeto mutuo: ambos os tratáis con respeto y consideración. Tus opiniones son valoradas y sientes que tu pareja te escucha.
- Comunicación abierta: podéis hablar abierta y sinceramente sobre cualquier tema, desde lo más profundo hasta lo más trivial. No tenéis miedo de expresar vuestros pensamientos y sentimientos.
- Confianza: tienes confianza en tu pareja y te sientes segura en la relación. Sabes que puedes contar con ella y que es leal.

- Independencia: aunque estáis juntos, seguís teniendo vuestras propias vidas, amigas y actividades. No sientes que estás «atrapada» en la relación.
- Apoyo mutuo: te sientes respaldada por tu pareja en tus metas y aspiraciones. Sabes que está ahí para ti en los buenos y malos momentos.
- Pasión y diversión: la chispa sigue viva. Aún sientes esa atracción y disfrutáis de vuestro tiempo juntos, ya sea viendo una película o saliendo en una cita.
- Solución de conflictos: cuando surgen problemas, trabajáis juntos para resolverlos de manera madura y respetuosa. No os enredáis en peleas interminables.
- Crecimiento personal: la relación te hace crecer como persona. Aprendes de tu pareja y os inspiráis mutuamente para mejorar.
- Sentido de pertenencia: sientes que perteneces a un equipo. Sabes que estáis en esto juntos, afrontando la vida como un equipo.

En resumen, en una relación de pareja sana te sientes apoyada, amada y respetada. No hay juegos mentales ni conflictos constantes. Experimentas felicidad, calma y la sensación de que estás en un lugar donde puedes ser tú misma sin miedo ni juicio.

Es sencillo: cuando alguien duda de si quiere estar contigo es que en realidad no quiere, eso no es una relación sana. Los motivos por los que no te deja pueden ser variados, quizá se deba a la comodidad, el sexo, el cariño o el miedo a la soledad, entre otros. Yo siempre les digo a mis pacientes que el amor es como el hambre. ¿Verdad que cuando uno tiene hambre lo siente? Hablo de hambre real, no de gula. Pero si alguien te dice que tiene mucha hambre, le ofreces comida y te dice que no, entiendes que no tendrá tanta. Si la tuviera comería, ¿no? Esto mismo sucede con el amor. Cuando lo sientes de verdad lo das todo y luchas con uñas y dientes para defenderlo, no vacilas ni te niegas a cuidarlo.

Por eso cuando alguien duda es que no te quiere tanto. Y eso es precisamente lo que le pasaba a Carlos. No estaba enamorado de Marta de forma genuina. Es decir, tenía hambre, pero no le valía lo que Marta le daba para comer.

Si os preguntáis cómo termina la historia, os lo cuento: Carlos un día le dijo a Marta que su confusión había terminado, que ahora sabía lo que quería y que no era estar con ella. Carlos comenzó una relación con la otra persona, que no era del pasado porque, en realidad, la había conocido hacía relativamente poco.

Ante esta situación, Marta no tuvo más opción que seguir adelante y aprender. Y digo «aprender» porque las dificultades son bendiciones ocultas: solo si aprendes podrás acceder al amor auténtico. La búsqueda del amor auténtico puede ser un viaje apasionante, pero también está lleno de desafíos. Y a Marta se le presentó uno: afrontar las sombras del corazón.

La búsqueda del amor auténtico se basa en la idea de establecer conexiones profundas y significativas en las relaciones personales. En este contexto, el término «auténtico», implica relaciones genuinas, basadas en la honestidad, la sinceridad y la aceptación mutua. La autenticidad implica ser fiel a uno mismo y permitir que la relación florezca en un ambiente de transparencia emocional. Cuando se busca el amor auténtico se pretenden evitar las dinámicas superficiales y relaciones basadas en expectativas poco realistas. En lugar de centrarse únicamente en la pasión superficial, la búsqueda del amor auténtico implica la construcción de una conexión más profunda y duradera, basada en la comprensión mutua, el respeto y la aceptación de los demás tal como son.

Esta búsqueda se aleja de las relaciones que podrían ser simplemente «apasionantes» en el sentido superficial, que no se centran en la construcción de vínculos emocionales sólidos. La pasión, en este contexto, no se limita únicamente a la atracción física, sino que se extiende a la conexión emocional, el compromiso y la intimidad emocional.

En resumen, la búsqueda del amor auténtico implica aspirar a relaciones genuinas y profundas, donde la pasión se experimenta no solo en términos de atracción física, sino también en la conexión emocional y en la construcción de una relación significativa y duradera.

Tenemos la idea de que todo lo que vale la pena debe costar esfuerzo, pero, querida, el amor no se rige por estas leyes. El amor auténtico es sencillo, fluido, fácil, natural. El amor es el hambre de la otra persona, sin duda. El amor auténtico no solo se basa en aceptar las partes luminosas de nosotros mismos, sino también en abrazar y comprender nuestras sombras. Para ello existe la autoconciencia, una herramienta valiosa para afrontar esas sombras. Esta autoconciencia se basa en:

- Conocimiento propio: la autoconciencia implica tener una comprensión clara de quién eres, tus valores, necesidades, deseos, fortalezas y áreas de mejora. Esto te permite comunicarte de manera eficaz con tu pareja y tomar decisiones que estén alineadas contigo.
- Autoaceptación: reconocer y aceptar tus limitaciones, imperfecciones y errores es crucial para mantener una relación sana. La autoconciencia te permite trabajar en tu crecimiento personal y aceptar tanto tus aspectos positivos como los que pueden ser más desafiantes.
- Empatía: la autoconsciencia también implica tener la capacidad de ponerse en el lugar de tu pareja, entender sus emociones, perspectivas y necesidades. Esto facilita una comunicación más comprensiva y fortalece el vínculo emocional entre ambos.
- Comunicación abierta y honesta: ser consciente de tus propias emociones, pensamientos y motivaciones te permite comunicarte de manera más clara y honesta con tu pareja. La autoconciencia te ayuda a expresar tus necesidades y

preocupaciones de manera asertiva, sin juzgar ni culpar a tu pareja.

• Respeto mutuo: la autoconciencia fomenta el respeto por ti y por tu pareja. Esto implica establecer límites saludables, respetar las diferencias individuales y reconocer la autonomía de cada persona en la relación.

En resumen, la autoconciencia en las relaciones de pareja sanas se basa en el autoconocimiento, la aceptación personal, la empatía, la comunicación abierta y el respeto mutuo. Estas cualidades son fundamentales para construir una relación sólida y satisfactoria

El primer paso hacia el amor auténtico

Enfrentarse al bucle de relaciones fallidas es un paso esencial en el camino hacia el amor auténtico. Yo lo entiendo como la capacidad de detenerse y comenzar a analizar qué espero de una relación de pareja y cómo han sido mis relaciones hasta la fecha.

El amor auténtico es un tipo de amor que se caracteriza por ser genuino, profundo, desinteresado y basado en el respeto mutuo, la confianza y la aceptación incondicional. En el apartado anterior hemos visto las características de una relación sana, pues ahora creo que es interesante conocer cuáles son algunas de las características que definen el amor auténtico, para que así vayas familiarizándote con lo que mereces y lo que sí es posible también para ti:

1. Genuinidad: el amor auténtico surge de sentimientos y acciones sinceras, sin pretensiones ni manipulaciones. Es un amor que se expresa de manera genuina y honesta.

2. Respeto mutuo: en una relación basada en el amor auténtico, ambos miembros se respetan mutuamente como

individuos únicos, con sus propias necesidades, deseos y opiniones.

3. Confianza: el amor auténtico se fundamenta en una base sólida de confianza. Ambas personas confían plenamente en la honestidad, lealtad y compromiso del otro.

4. Aceptación incondicional: en el amor auténtico se acepta a la pareja tal como es, con todas sus virtudes y defectos. No se busca cambiar a la otra persona, sino apoyarla en su crecimiento personal.

5. Compromiso: el amor auténtico implica un compromiso profundo y duradero entre las partes involucradas. Ambas están dispuestas a trabajar juntas, a superar desafíos y a crecer como individuos y como pareja.

6. Desinterés: en el amor auténtico las acciones y decisiones están motivadas por el bienestar y la felicidad de la pareja, sin esperar nada a cambio.

7. Empatía y compasión: las personas que experimentan el amor auténtico tienen la capacidad de entender y sentir las emociones del otro, y están dispuestas a brindar apoyo y comprensión en momentos de dificultad.

En resumen, el amor auténtico es una forma de amor que se basa en la sinceridad, el respeto, la confianza, la aceptación, el compromiso y la empatía. Es una conexión profunda y significativa entre dos personas que se valoran mutuamente y están comprometidas a construir una relación saludable y feliz.

A través de la autoconciencia, la comunicación y la aceptación mutua, podemos construir relaciones profundas y significativas. Cuando aceptamos nuestras sombras y las de nuestra pareja, creamos un espacio donde el amor puede florecer en su forma más auténtica y poderosa.

¿Qué preguntas pueden darnos respuestas a la hora de determinar cuáles son los lugares oscuros de nuestro corazón? Vayamos a nuestro diario para responder a esto.

Te propongo el siguiente ejercicio. Coge lápiz y papel y responde con sinceridad a las siguientes preguntas sobre ti:

- ¿Cuáles son mis mayores miedos e inseguridades en una relación?
- ¿Puedo detectar patrones destructivos en mis relaciones pasadas?
- ¿Cuáles son los traumas no resueltos que afectan a mi capacidad para amar?
- ¿Cuáles son mis mayores miedos e inseguridades en una relación? Identificar y comprender tus miedos e inseguridades te permite abordarlos de manera eficaz y construir relaciones más sólidas y satisfactorias.
- ¿Puedo detectar patrones destructivos en mis relaciones pasadas? Reflexionar sobre las experiencias pasadas en el amor te ayuda a identificar patrones de comportamiento o dinámicas negativas que puedan haber contribuido a la disolución de esas relaciones. Reconocer estos patrones es el primer paso para romper ciclos destructivos y cultivar relaciones más saludables en el futuro.
- ¿Cuáles son los traumas no resueltos que afectan a mi capacidad para amar? Explora traumas emocionales o experiencias dolorosas del pasado que puedan estar interfiriendo con tu capacidad para amar y confiar plenamente en una relación es crucial para sanar y crecer. Identificar estos traumas te permite buscar apoyo y trabajar en su solución, lo que puede mejorar significativamente tu capacidad para establecer

conexiones amorosas y significativas en el presente y en el futuro.

Ahora que has respondido a estas preguntas, fíjate en tus respuestas, vuelve a leerlas y determina: ¿Qué puedes sacar de ellas? Las respuestas a estas preguntas te pueden proporcionar una mayor comprensión de ti, de tus relaciones pasadas y de cómo estas experiencias han moldeado tus percepciones y comportamientos en el amor. Te permiten reconocer áreas en las que necesitas trabajar para crecer y sanar, así como identificar patrones que podrías querer cambiar o evitar en el futuro.

¿Qué sentido tiene responderlas? El sentido de responder estas preguntas radica en tu deseo de mejorar y crecer. Al afrontar tus vulnerabilidades y desafíos emocionales, podrás trabajar en tu sanación y desarrollo personal, lo que a su vez te permitirá establecer conexiones más auténticas y satisfactorias en tus relaciones amorosas. Valorar este ejercicio de reflexión y autoexploración te permitirá aprovechar al máximo las lecciones aprendidas de tus experiencias pasadas en el amor y utilizarlas para construir un futuro más amoroso y gratificante para ti y para tus futuras parejas.

Antes de cerrar este capítulo, siento que es importante recordar que no hay nada malo en querer tener pareja. El deseo de amar y ser amado es natural y humano. Sin embargo, es fundamental que, como mujeres, abordemos nuestras necesidades emocionales y trabajemos en nuestro desarrollo personal para construir relaciones saludables y satisfactorias. Al reconocer tus vulnerabilidades y áreas de mejora, estarás preparada para avanzar hacia el siguiente capítulo de tu vida con una mayor claridad y entendimiento. Te comprometes contigo misma a cultivar relaciones basadas en el respeto mutuo, la confianza y la autenticidad, y a seguir aprendiendo y creciendo en el amor. Lo importante es que recuerdes que el amor auténtico comienza contigo. Al cuidar de tu salud emocional y trabajar en tu crecimiento personal, podrás abrirte a relaciones amorosas que te enriquezcan y te inspiren a ser la mejor versión de ti.

Así que sigue adelante, con valentía y optimismo, y abre el siguiente capítulo de tu vida lista para explorar nuevas oportunidades de amor y crecimiento personal. Deseo que este viaje juntas te lleve a lugares de alegría, conexión y realización, tanto en tus relaciones como en tu propio ser.

3. No hay nada malo en querer tener pareja

Es más que comprensible que, ahora que has conocido cómo es el amor auténtico, quieras sentir la paz que aporta. No te juzgues ni te culpes por ello, es normal. Un amor sano es algo maravilloso, y que quieras vivirlo no te hace más vulnerable, sino más humana. En este capítulo abordaré el deseo de tener pareja con una perspectiva positiva y no como algo que deba generarte ansiedad o vergüenza. Para ello, primero te contaré cómo nos relacionamos en pareja en la actualidad y por qué seguimos ciertos patrones, y después te enseñaré a romper estos patrones tóxicos desde dentro con el Método Ahora Yo.

Antes de empezar, debo decir que soy consciente de que quizá la afirmación que voy a hacer puede generar debate, pero creo firmemente que, ahora mismo, querer tener pareja está mal visto. Sí, como lo lees. Aunque vamos a matizar: cuando digo que ahora mismo querer tener pareja está mal visto, me refiero a que, si eres una mujer supuestamente fuerte, con un buen trabajo, con carácter, libre, independiente, con una buena autoestima, que desea viajar, y lo hace sola sin problemas, y que también se queda en casa sola muy tranquila, en definitiva, si eres una mujer empoderada, a menudo la sociedad no te va a dejar que muestres ni un atisbo de vulnerabilidad y, desgraciadamente, admitir que deseas una relación de pareja para amar y ser amada se juzga y se considera sinónimo de debilidad. ¿Es este tu caso? Si lo es, no te culpes, nos pasa a todas, porque a menudo la sociedad quiere que pensemos así. Pero no eres ni más fuerte ni más débil por querer compartir tu vida con otra persona, tenlo muy claro y deshazte de ideas preconcebidas que te cortan las alas en el amor.

Parece que vivimos en un mundo en el que querer tener pareja está mal visto porque a las mujeres se nos exige a menudo ser fuertes e independientes. Me explico: años atrás se nos pedía que fuésemos buenas madres y esposas, pero con la llegada de nuestro acceso al mundo laboral, comenzamos a desarrollar una faceta nueva (sin abandonar la carga mental ni las responsabilidades que veníamos arrastrando de la época anterior, en la que debíamos ser buenas madres y esposas) y con el empoderamiento de la mujer, y esa conquista del mundo laboral, también se nos pide que seamos independientes y adoptemos un rol y una forma de liderazgo masculina. ¿Qué implica esto? Liderar sin ser mujeres, liderar y trabajar sin poder expresar nuestras decisiones intuitivas, porque las decisiones deben ser racionales; sin mostrar deseos de maternar en el trabajo, y muchos etcéteras que podríamos seguir abordando, pero no me quiero alargar con esto.

Lo que querría apuntar es que, en la actualidad, si eres una mujer a la que le va bien en la vida, es decir, si tienes amigos, no tienes graves problemas de autoestima, tienes una carrera profesional y te sustentas por ti misma, ¿en qué momento puedes mostrarte vulnerable diciendo que quieres tener novio? En ninguno. Una mujer hecha y derecha con una gran carrera profesional debe ser empoderada, segura de sí misma y, lo más importante, debe abrazar su soledad y sentirse segura en ella.

¿Tú no opinas así? Vale, no te asustes, estoy siendo irónica. Claramente pienso que esto es ¡mentira! Permíteme decirte que nosotras, como mujeres, debemos aprender a tener éxito en la vida (y cuando digo «éxito» no me refiero a que seas una empresaria multimillonaria que viaja en primera clase) y aprender a compaginar este éxito con el hecho de que, a veces, en el área de las relaciones, no sabemos funcionar y nos volvemos pequeñitas, ¡y no pasa nada porque aquí hemos venido a equivocarnos, a aprender y a hacerlo mejor la próxima vez! Así que, para empezar, reconoce que en tu corazón hay una necesidad no cubierta de ser amada y rompe la coraza y las expectativas que el mundo tiene de ti. Permite que coexistan el deseo de ser amada y la fortaleza de ser una mujer fuerte.

¿Tienes ganas de crear una relación sólida y sana? Pues al tomar consciencia de esta verdad ya estás un poco más cerca de conseguirlo. Sigue leyendo.

¿Por qué nos relacionamos como nos relacionamos?: patrones aprendidos en el amor

Tras leer la introducción de este capítulo puede que te estés preguntando: ¿por qué las mujeres fuertes no pueden expresar su deseo de estar en pareja? Para encontrar la respuesta necesitamos retroceder un poco en el tiempo:

A lo largo de la historia, las mujeres han peleado muchísimo por tener más derechos y roles más allá de los típicos que nos imponían, como ser amas de casa y madres. Muchas mujeres antes de nosotras tuvieron que manifestarse para que hoy nosotras podamos disfrutar de nuestros derechos de una forma más libre, y fue en esa lucha por romper con lo tradicional cuando surgió una especie de paradoja según la cual, para ser considerada una mujer fuerte e independiente, no puedes mostrar ni un poquito de debilidad emocional o deseo de tener una relación. Por un lado, las mujeres han ganado terreno en la búsqueda de independencia emocional y económica rompiendo con los roles de género tradicionales que las confinaban únicamente al ámbito doméstico. Ahora se espera que sean fuertes, resilientes e independientes, capaces de sobresalir en cualquier campo.

Sin embargo, esta búsqueda de independencia a menudo se ha interpretado como una renuncia a la vulnerabilidad emocional y a la expresión de deseos más tradicionales, como el de tener una relación afectiva estable. En algunos círculos parece que, para ser considerada una mujer fuerte e independiente, es necesario reprimir cualquier muestra de debilidad emocional o deseo de formar una familia.

Esta paradoja hace que muchas mujeres se sientan presionadas a ceñirse a un ideal de fortaleza y autonomía que puede no reflejar del todo sus deseos y necesidades emocionales. Además, perpetúa la idea de que la fortaleza y la vulnerabilidad son mutuamente excluyentes, cuando en realidad son componentes naturales y complementarios de la experiencia humana.

Es importante reconocer que la verdadera fortaleza no reside en negar nuestras emociones o deseos, sino en aceptar y abrazar nuestra autenticidad en todas sus formas. Ser una mujer fuerte e independiente no significa renunciar a la vulnerabilidad ni al deseo de tener relaciones significativas; más bien, implica la capacidad de reconocer y honrar todas las facetas de nuestra humanidad, incluso aquellas que pueden parecer contradictorias o en conflicto con las expectativas sociales.

Históricamente, nos han encorsetado en roles fijos y limitados, sobre todo relacionados con el hogar y la familia. A medida que hemos conquistado espacios en lo profesional, educativo y social, la percepción sobre nuestro papel ha cambiado, pero quedan restos de los estereotipos de siempre: los cuidados en el ámbito familiar siguen generalmente relacionados con las mujeres, la maternidad sigue siendo tratada como un fin vital para nosotras, las profesiones relacionadas con limpieza y cuidados siguen siendo un nicho femenino, los salarios de las mujeres siguen siendo más bajos que los de los hombres, y un largo etcétera. Este choque entre lo que hemos conseguido (emancipación, libertad e individualidad en lo personal y en lo profesional) y los estereotipos que aún nos quedan por romper provoca un impacto brutal a la hora de relacionarnos con el amor como mujeres, ya que no se nos permite ser vulnerables (algo que se asocia a los viejos roles exclusivos de maternidad y cuidados) ni se nos quiere fuertes (ya que una mujer fuerte y segura sigue siendo una amenaza para muchos hombres anclados en el pasado y no se ve, en ocasiones, como alguien deseable).

La imagen de la mujer empoderada, fuerte e independiente es nuestro modelo moderno vigente en la actualidad, pero con ello llegó una nueva presión: la idea de que debemos ser autosuficientes en todo, incluso emocionalmente; como si expresar nuestro deseo de tener una relación fuera sinónimo de debilidad, como si se esperara que no necesitáramos una pareja con la que compartir nuestras alegrías y nuestros momentos menos agradables, alguien que nos sirva de apoyo y de compañía.

Hablar de estos estereotipos y expectativas sociales es un buen punto de partida para explorar cómo, a pesar de nuestros logros y empoderamiento, todavía nos enfrentamos a grandes desafíos a la hora de equilibrar nuestras vidas personales y profesionales. Por desgracia, yo no puedo hacer que estos desafíos desaparezcan, pero sí que intentaré tratar de hacerte comprender que no estamos solas en esto y que juntas podremos derribar de una vez por todas esos estereotipos obsoletos y abrir la puerta a una comprensión más realista y empática de nuestras experiencias. ¡Ánimo, chicas, lo conseguiremos manteniéndonos unidas!

El primer paso para ser libre es admitir que quieres amar y ser amada. Concédete esa realidad, sé consciente de ella y abrázala. Asume que es así, que quieres amor. No pasa nada, está bien. Y, además, si lo asumes, será más factible que construyas el cambio interior que te permitirá atraer y construir una relación duradera basada en la positividad y la tranquilidad. Así que repite conmigo en voz alta: el amor no me hace una mujer menos empoderada.

Destruye el falso empoderamiento: el Método Ahora Yo

Ahora que hemos visto juntas cómo, sin darnos cuenta, muchas veces nos sentimos mal por admitir nuestro deseo de pareja, te voy a contar la historia de Ana:

Ana es una mujer de treinta y ocho años con un buen futuro por delante. En el pasado fue buena estudiante y ahora es una médica con un buen trabajo que ama su carrera profesional. Ha construido una vida que le permite vivir en el centro de su ciudad en una casa bonita y cómoda.

Ana desea tener una relación de pareja estable y duradera, pero no logra atraer a su vida a hombres que realmente quieran comprometerse. En los últimos años ha tenido alguna que otra relación esporádica, pero ninguna ha durado más de ocho meses.

Ana lo ha intentado todo, incluso se ha forzado a cambiar el perfil de hombre con el que se vincula, porque cree que el problema radica en que se fija en chicos infantiles que no están dispuestos al compromiso.

Hasta ahora, los hombres que le han gustado siempre han terminado haciéndole daño, pero ella no desfallece porque sabe que también existen los que ella denomina «hombres buenos», que están listos y disponibles emocionalmente para una relación y a los que, además, les gusta Ana. El problema es que, por ahora, esos hombres no la hacen vibrar y no termina de sentirse atraída por ellos.

Ana llega a mi consulta con muchos miedos e inseguridades y no entiende por qué, si lo tiene todo, no logra atraer una relación sana que funcione. Me dice que cree que asusta a los hombres porque se muestra demasiado resuelta, independiente y con buena autoestima. Cree que ellos buscan mujeres más sencillas y simples a las que poder manejar a su antojo, y Ana no es ese tipo de mujer.

Lo que le pasa a Ana es que está llena de culpa, se siente mal por ser como es, pero, a la vez, no quiere cambiar. Lleva ya mucho tiempo enfrascada en el falso empoderamiento. Me cuenta que quiere poner en práctica *nuestra terapia para sanar su relación con el amor, pero que, al mismo tiempo, siente que no necesita una relación porque está bien sola.*

Quizá te sientas identificada con la historia de Ana y te pase lo mismo que a ella; o quizá no, pero a lo mejor puedes aprender de su experiencia. Bien, para empezar, quiero decirte que lo que le pasa a Ana es que se enmarca en lo que yo denomino «falso empoderamiento», es decir, que aparenta ser una mujer que siempre tiene el control y la autonomía de su vida, pero, en realidad, sus acciones y decisiones están limitadas por presiones externas, expectativas sociales y/o relaciones abusivas previas. El falso empoderamiento es un empoderamiento ficticio, que consiste en la creencia que tienen muchas mujeres de que mostrarse libres, independientes y dueñas de sí mismas sin que nadie intervenga de forma sentimental en sus vidas es algo positivo, cuando, en realidad, lo único que pretenden es no mostrar debilidad porque así se les ha dicho que deben comportarse las mujeres modernas.

Falso empoderamiento: referido a una mujer, define situaciones en las que aparenta tener control y autonomía sobre su vida, pero, en realidad, sus acciones y decisiones están limitadas por presiones externas, expectativas sociales o relaciones abusivas. En este escenario, la mujer puede sentirse empoderada, pero no tiene un verdadero control sobre su vida y no puede tomar decisiones libremente.

En base a esta definición de «falso empoderamiento» y tras unas sesiones con Ana, llegamos a la conclusión de que ella no admitía la necesidad de ser amada y, como no lo hacía, se dedicaba a construir una vida en la que nunca estaba quieta. No se daba tiempo para estar consigo misma, nunca paraba, salía de noche, viajaba, quedaba con amigas para comer y, el resto del tiempo, trabajaba.

Ana mostraba un falso empoderamiento porque, en el fondo, deseaba otra vida, y esa incoherencia la estaba matando. Se contaba a sí misma la historia de que no necesitaba ser amada ni tener una relación, pero en su interior habitaba esa necesidad no cubierta.

Cada día se repetía que estaba bien y que ya llegaría el amor. Aunque, en realidad, no lo estaba. Además, el amor no llegaba porque ella no estaba dedicando tiempo a amarse, a estar a solas con ella misma y, lo más importante, no estaba sabiendo ver y entender qué debía transformar en su interior para dejar de atraer relaciones líquidas.

Para ayudarla, puse en práctica con Ana el Método Ahora Yo, una terapia cuyos principios voy a explicarte a continuación para que puedas aplicártela. Nuestro método de terapia está basado en el verdadero empoderamiento y en el amor pleno, y está diseñado exclusivamente para mujeres exitosas que desean traducir su éxito profesional en relaciones amorosas plenas y satisfactorias. Hemos ayudado a cientos de mujeres con él, así que conocer sus fundamentos y el proceso terapéutico en el que se basa te ayudará a empezar a transformar tus propias relaciones. Sigue leyendo.

Principios fundamentales del Método Ahora Yo

Los cuatro pilares básicos en los que se sostiene el Método Ahora Yo, son los siguientes:

- Autoconocimiento profundo: la terapia se centra en el autodescubrimiento, en ayudar a las mujeres a explorar sus deseos, necesidades y valores en el amor. Te ayudamos a que te entiendas en un nivel profundo, y a reconocer que el amor propio es la base de cualquier relación exitosa.

- Empoderamiento personal: la terapia se centra en fortalecer la autoestima aplicada al área de la pareja y la confianza de las mujeres exitosas. Te alentamos a que abraces tu autonomía y éxito profesional, y a reconocer que estos logros no deben ser barreras para el amor, sino elementos que enriquecen las relaciones.
- Comunicación y apertura emocional: la terapia se centra en desarrollar habilidades de comunicación eficaz y en fomentar un ambiente de apertura emocional. Además, algo fundamental para mí, exploramos juntas las barreras que puedan existir para expresar vulnerabilidad y te proporcionamos herramientas para superarlas.

En el caso de Ana, iniciamos las sesiones explorando en profundidad sus deseos, necesidades y valores sobre el amor. Cuando le pregunté por esto, Ana se sorprendió y me dijo que jamás había dedicado tiempo a plantearse qué es lo que ella necesitaba del otro. Siempre había vivido las relaciones con tanta ansiedad que, en el momento en el que se sentía atraída por un hombre, no pensaba en nada más. Ni siquiera dedicaba tiempo a valorar qué cualidades eran las que le hacían sentirse atraída por él, y que en sesión concluimos que a menudo era la falta de disponibilidad emocional y su aspecto físico.

Solo esa toma de consciencia hizo que Ana hiciera un clic, y se convirtiese en una mujer más pausada a la hora de elegir a los hombres con los que quería relacionarse. Poco a poco seguimos trabajando juntas y llegó el momento en el que Ana supo reconocer y celebrar los logros en su carrera profesional, así como en otros aspectos de su vida. Ayudarla a comprender que su éxito no era un obstáculo para el amor, sino una cualidad que podía enriquecer sus relaciones, fue lo que finalmente la hizo sentir en paz consigo misma y la convenció de que el hombre que quería atraer debía celebrar sus logros y no verlos como una amenaza.

Explorar estrategias prácticas para que Ana integrara su vida profesional y personal de manera armoniosa dio como resultado que Ana incluyera en sus hábitos diarios la práctica de establecer límites claros entre el trabajo y el tiempo personal, la priorización de actividades que nutrieran su bienestar emocional y social, y aprender a delegar responsabilidades cuando fuera necesario.

A lo largo de la terapia, Ana se sintió apoyada y validada en su proceso de crecimiento personal y búsqueda de relaciones saludables. Y realmente dio el paso clave para atraer el amor: reconocer su grandeza, equilibrarse y estar en paz, saber qué tipo de hombre merecía y deseaba atraer, y decir no a lo que ella sabía que no merecía.

Proceso terapéutico

La duración del proceso terapéutico que seguí con Ana, y que sigo con muchas de mis pacientes, puede variar en función de la persona, pero suele ser de unas 16 semanas y se centra en cuatro puntos básicos:

- Evaluación personalizada: cada participante inicia el proceso con una evaluación personalizada para identificar sus áreas de fortaleza y oportunidades de crecimiento en su vida amorosa.
- Sesiones de empoderamiento: se llevan a cabo sesiones específicas para fortalecer la autoestima y la confianza, donde se reconocen y celebran los logros personales y profesionales.
- Exploración de obstáculos: se abordan y exploran posibles obstáculos emocionales o mentales que podrían estar interfiriendo en el éxito amoroso, y se trabaja hacia soluciones prácticas y transformadoras.
- Creación de estrategias personalizadas: cuando se termina el proceso, las participantes han adquirido estrategias personalizadas y herramientas prácticas para aplicar en sus

relaciones amorosas, basadas en sus necesidades y metas individuales.

Esto es lo que logró Ana tras implementar el Método Ahora Yo. Y déjame decirte algo: en este capítulo solo vamos a ver unas pinceladas, pero quédate tranquila porque a lo largo de estas páginas irás encontrando ejercicios para que puedas implementarlo tú misma.

Aumentar tu confianza y amor propio

Trabajar en tu autoestima hará que aumente tu confianza y seguridad en ti, lo que, a su vez, hará que te sientas más cómoda al acercarte a los hombres e interactuar en una nueva relación. Veamos algunas de las ventajas que se obtienen de este proceso:

- Claridad al elegir pareja: al conocerte mejor y saber lo que quieres en una relación, sabrás tomar decisiones más claras y saludables al elegir una nueva pareja.
- Comunicación eficaz sin culpa: aprenderás a expresarte sin culpa y a mostrar quién eres sin miedo al qué dirán. La comunicación con tu pareja será más clara y eficaz, se reducirá la tensión y mejorará la comprensión mutua.
- Relaciones saludables y respeto mutuo: sabrás resolver mejor los conflictos, desarrollarás la empatía y la comunicación asertiva. Al tener una autoestima saludable, establecerás relaciones de pareja basadas en el respeto mutuo y la igualdad.
- Evitar la dependencia emocional: soltarás el peso que has llevado durante tanto tiempo por creer que necesitabas hacer cosas para que él se diera cuenta de lo mucho que vales.
- Romper el patrón autodestructivo: de este modo podrás dejar de lado la angustia que sientes al decir que no y lograrás que la opinión de los demás no te condicione.

En definitiva, el Método Ahora Yo no solo aspira a transformar la vida amorosa de las mujeres exitosas, sino que también busca cambiar paradigmas y demostrar que el éxito en el amor es una parte integral y alcanzable de una vida plena y exitosa. Si después de esta explicación crees que el método podría ayudarte, o si te has visto reflejada en la experiencia vital de Ana, no dudes en ponerte en contacto conmigo de manera profesional para que podamos acompañarte en tu proceso. Es el momento de que tengas tanto éxito en lo sentimental como en lo profesional y personal, es el momento del verdadero empoderamiento y el amor pleno. ¡Ahora te toca a ti!

El miedo al amor

Hace unas páginas intenté que abrieses los ojos y que te convencieses de que desear una relación no te hacía vulnerable, ¿recuerdas? Puede que ya hayas asumido que quieres que el amor entre en tu vida... ¡o puede que aún tengas miedo! Sea cual sea tu caso, no te preocupes, estoy a punto de proponerte que nos vayamos juntas de aventura a ese lugar donde a veces nos cuesta admitir que queremos ser amadas.

Bien, ya hemos llegado, el viaje ha sido corto porque el lugar somos nosotras mismas. Ahora es el momento de hacernos la siguiente pregunta: ¿por qué sentimos miedo? Pues hay mil razones, y seguro que algunas te suenan: esa sensación de ser fuertes e independientes que no queremos perder porque ya nos hemos acostumbrado a ella, el pavor que nos da decir en voz alta que queremos ser amadas, la ansiedad que nos produce desear el amor y no lograrlo, el vacío que experimentamos cuando la relación se termina y nos hacen daño, lo difícil que nos resulta superar esas relaciones que nos dejaron cicatrices y confiar de nuevo sin perder nuestro amor propio, y todos esos miedos tan humanos que nos rondan y que hacen que no nos abramos ni nos mostremos vulnerables para no sufrir. ¿Te suena lo que te cuento? Seguro que sí, y a mí también me suena. Como ves, de nuevo, no estás sola en esto.

Puede ser que nos pongamos trabas sin querer porque ciertas experiencias del pasado nos dejaron heridas y, también, claro está, por la presión de intentar encajar continuamente en el molde de mujer independiente que todo lo puede. Estamos tan enajenadas con no fallar en la labor de falso empoderamiento que nos han impuesto y nos hemos creído que, a veces, olvidamos que también merecemos todo el amor del mundo. Así que, querida, sigue acompañándome en este viaje de autodescubrimiento que no tiene un mapa fijo y en el que cada historia es única, porque cada una de nosotras tiene su propia historia.

El amor sano: los puntos clave para que una relación de pareja funcione

Para continuar con esta aventura y vencer el miedo a no ser amadas, voy a rescatar la teoría del psicólogo Robert Sternberg sobre los puntos claves para que una relación de pareja funcione. Según este psicólogo, deben coexistir tres aspectos básicos, pasión, intimidad y compromiso, que ayudarán a que nuestras relaciones sean duraderas y sanas. Su teoría triangular del amor es una forma útil de analizar y entender las relaciones amorosas:

- Pasión: se refiere a la atracción física y emocional que una persona siente por su pareja. Incluye la intensidad de los sentimientos, el deseo sexual y la emoción asociada con la relación.

- Intimidad: se relaciona con la cercanía emocional y la conexión entre las personas en una relación. Implica compartir pensamientos, sentimientos y experiencias personales con la pareja y sentirse conectados a un nivel profundo.
- Compromiso: se refiere a la decisión de mantener una relación a largo plazo. Implica la voluntad de trabajar juntos para superar obstáculos y mantener la relación a pesar de las dificultades.

¿Por qué esta teoría resulta tan útil? Imagínate que estás haciendo un pastel y falta un ingrediente. Puede que quede rico, ¡pero el pastel ya no será el mismo! Pues lo mismo pasa en el amor. Si falta alguno de estos tres componentes, la receta del amor no saldrá como esperamos.

La teoría triangular de Sternberg será el mapa que nos permitirá entender qué es lo que necesitamos en nuestras relaciones y nos ayudará a identificar si estamos vibrando en la misma sintonía en términos de pasión, intimidad y compromiso que la otra persona. Es decir, será la hoja de ruta que nos permitirá ser más conscientes y tomar decisiones más informadas en el amor. La teoría de Sternberg sostiene que los diferentes tipos de relaciones de pareja se derivan de la combinación de estos tres componentes, y, aunque es cierto que no existe una receta única para el amor, estos ingredientes no pueden faltar si queremos que el pastel salga delicioso.

Muchas veces nos lanzamos de cabeza a conocer a ese chico que nos vuelve locas, que nos hace vibrar, que nos encanta y apasiona, y no nos damos cuenta de que solo estamos teniendo en cuenta una parte de las tres necesarias para construir una relación duradera sin perder nuestra identidad, la pasión, es decir, la sexualidad y la atracción física. Pero ¿qué hay de la amistad y de la intimidad? ¿Comparte ese chico los mismos valores que tú? ¿Queréis y aspiráis a las mismas cosas en la vida? La pasión no funcionará sin que las respuestas al resto de las preguntas sean afirmativas, sin que los otros dos elementos interactúen en la triangulación perfecta.

Normalmente, veo que cuando un chico es el estereotipo de lo que os gusta o el típico chico *brownie* (es decir, el chico gustable, porque ¿a quién no le gusta un brownie?) os lanzáis de cabeza llevadas por la pasión y no os paráis a analizar los otros dos componentes de la historia. Estamos muy acostumbradas a rechazar a los hombres que sabemos que nos convienen pero que no nos atraen tanto y, sin embargo, cuando sabemos que no nos convienen, pero nos gustan mucho, corremos un tupido velo y nos metemos en esa relación de cabeza. Por eso, a menudo vamos eligiendo las relaciones en las que nos vinculamos según la pasión y atracción física que sentimos por la otra persona, y esto está muy bien en la adolescencia, pero como el amor es dinámico y variable, requiere que maduremos y evolucionemos. Por eso, al conocer a un hombre debes fijarte más en cómo te sientes cuando estás con él y en qué valores tiene, y tener también en cuenta si puede y quiere comprometerse contigo y si puedes alcanzar con él una intimidad sólida que te haga sentirte segura, cuidada y respetada. La pasión es importantísima, y por supuesto que debe hacerte vibrar, si no, créeme, tampoco funcionará, pero la pasión puede llegar a extinguirse; sin embargo, la intimidad y la confianza son para toda la vida en la relación, ¡no las descuides!

En el siguiente capítulo desarrollaré la idea de cómo tener una relación sana que funcione y lo que debes hacer antes de enamorarte, pero ahora, siguiendo con el triángulo de Sternberg, veremos que hay algunas categorías de amor que se pueden identificar mediante esta teoría.

Antes te decía que esta teoría es como un mapa del tesoro para entender los tipos de amor, esto se debe a que cada relación tiene su propia mezcla de los tres ingredientes: pasión, intimidad y compromiso. Si la pasión está en primer lugar, vivirás un amor apasionado y ardiente. Si la intimidad es la estrella, un amor profundo y cercano. Y si el compromiso es el rey, entonces tendrás un amor sólido y duradero. Eso sí, nunca puede haber un cero por ciento de ninguno de los tres elementos, o la relación fracasará. Lo fascinante es que esta teoría también nos ayuda a identificar qué está funcionando mejor en nuestra relación. ¿Es un amor apasionado, profundo o tal vez una mezcla perfecta de los tres? Esto nos da un poderoso conjunto de herramientas para entender nuestras relaciones y tomar decisiones más informadas. Así que, querida, la próxima vez que te encuentres preguntándote qué tipo de amor estás experimentando, recuerda la teoría triangular de Sternberg, ya que ella te dará la clave para entender los matices de tus sentimientos amorosos y te ayudará a navegar por el emocionante laberinto del amor. Te toca explorar y descubrir qué amor hace que te sientas más viva. Aquí te dejo los tipos principales para que identifiques cuál es el tuyo:

- Amor consumado: se caracteriza por tener una combinación equilibrada de pasión, intimidad y compromiso. Es el tipo de amor más completo y deseable.
- Amor romántico: incluye pasión e intimidad, pero carece de compromiso a largo plazo. A menudo se encuentra al comienzo de una relación.
- Amor compañero: se caracteriza por la intimidad y el compromiso, pero con una falta de pasión. Puede ocurrir en relaciones de amistad profunda o en las relaciones de larga duración donde la pasión inicial ha disminuido.
- Amor fatuo: incluye pasión y compromiso, pero carece de intimidad. Por ejemplo, una relación impulsiva sin una conexión emocional profunda.
- Amor vacío: implica compromiso sin pasión ni intimidad. Esto puede ocurrir en relaciones en las que la chispa inicial ha desaparecido, pero las personas se quedan juntas por compromiso o conveniencia.

En el caso de Ana, que exponíamos al inicio de este capítulo, la teoría triangular del amor la ayudó a reflexionar sobre por qué hasta ese momento sus relaciones no habían terminado de cuajar, y así pudo entender mejor qué componentes del amor estaban presentes y cuáles faltaban o se encontraban en desequilibrio:

- Intimidad: Ana se preguntó si en sus relaciones anteriores había habido un vínculo emocional profundo, confianza y apertura emocional. ¿Se había sentido realmente conectada con sus parejas a nivel emocional y habían compartido aspectos íntimos de sus vidas?
- Pasión: Ana evaluó si había experimentado una intensa atracción física y emocional hacia sus parejas, así como la presencia de deseo y romanticismo en sus relaciones. ¿Había habido una chispa o una llama que encendiera su relación?
- Compromiso: Ana reflexionó sobre si había existido un compromiso mutuo y a largo plazo en sus relaciones, incluida la disposición a superar obstáculos juntos y a trabajar en la construcción de un futuro compartido. ¿Sus parejas habían estado realmente comprometidas con la relación y dispuestas a invertir tiempo y esfuerzo en ella?

La conclusión que sacó Ana al aplicar la teoría a su situación fue que, probablemente, aunque había experimentado algunos elementos de intimidad, pasión o compromiso en sus relaciones, no había encontrado un equilibrio satisfactorio entre estos componentes. Esto seguramente había contribuido a la falta de satisfacción y durabilidad en sus relaciones pasadas, ya que es importante que los tres componentes estén presentes y en una proporción equilibrada para mantener una relación amorosa saludable y satisfactoria a largo plazo.

A mí me gustaría que si tú, como Ana, sientes que hay cierto desequilibrio entre cómo te muestras al mundo (una mujer empoderada) y cómo eres en tu interior (una mujer sana y fuerte que desea ser amada y amar), no dudes en dar el primer paso hacia la sanación:

> Reconoce en ti esa necesidad de amar y ser amada
> y abrázala. Esto no te hace más débil ni menos atractiva,
> sino más coherente. Y no hay nada más bello
> que la coherencia y la autoestima.

El amor perfecto y la comparación

Según Antonio Gala, el amor perfecto es una amistad con momentos eróticos. Y yo me pregunto: ¿acaso nos han contado la película al revés? Yo siempre había pensado que el amor perfecto tenía que hacerte sentir, estallar, vibrar... Pero la experiencia (personal y profesional) me ha hecho ver que no es del todo así. El amor no existe como Hollywood nos lo cuenta, y, ya que estoy, te diré que la felicidad tampoco. El amor no va solo de erotismo y pasión, sino de amistad con momentos de pasión, compromiso, valores compartidos y respeto. Hollywood nos ha malacostumbrado con esas películas románticas donde el amor lo es todo, ¿verdad? Pero la realidad es que el amor de verdad va más allá de las escenas apasionadas frente a una puesta de sol. Se trata de compartir los momentos buenos y los malos, de apoyarse mutuamente en los momentos difíciles y de construir una complicidad que perdure en el tiempo.

Y lo mismo pasa con la felicidad. No es ese estado perpetuo de alegría extrema que nos venden en las películas. La verdadera felicidad se encuentra en los pequeños detalles del día a día, en las risas compartidas con amigos, en sentirte bien contigo mismo y en perseguir tus sueños.

Así que, quizás, Antonio Gala tenga razón. Tal vez hemos estado viendo la película del amor al revés todo este tiempo. Porque, al final, lo que de verdad importa es encontrar a alguien con quien puedas ser tú mismo; alguien con quien reír, llorar y compartir esos momentos eróticos que hacen que la vida sea emocionante.

Me he dado cuenta de que nos han instaurado desde pequeñitas, en lo más profundo de nosotras, la idea de insuficiencia y la necesidad de perfección. Creemos que tenemos la obligación de ser perfectas en distintas esferas (que, por cierto, son incompatibles) de nuestra vida: como madres, parejas, profesionales, a nivel físico… Y, querida, tras pasar tiempo reflexionando sobre esta idea, me doy cuenta de que muchas estamos comenzando a comprender que no podemos ser perfectas en todo. Además, tenemos que entender y grabarnos a fuego que, para desarrollarnos más en un área, tenemos por fuerza que restar dedicación, energía y presencia a otras. Por ejemplo, si quiero ser una madre presente en la vida de mis hijos, quizá no voy a poder quedarme en mi empresa todos los días hasta las ocho de la tarde; y si quiero ser una empresaria increíble, quizá no pueda estar todas las tardes a las cinco con mis hijos. En la medida en la que vamos entendiendo esta encrucijada y esta trampa en la que estamos metidas las mujeres, nos vamos liberando. Vamos conquistando nuestra vida y, por ende, facilitando el camino a las mujeres que vienen detrás.

Aun así, es posible que, aunque te vaya bien en la vida y te muestres supersegura y superempoderada, en ocasiones te compares, por ejemplo, con esa amiga que ya va por su segundo hijo, o con esa otra que aún no ha salido de una relación maravillosa y ya está en otra relación perfecta mientras tú estás en tu casa dándole vueltas al coco. ¿Es tu caso? Pues me gustaría explicarte qué sucede en tu mente a niveles profundos cuando te comparas, y para eso tengo que señalarte dónde se inicia la comparación dentro de ti basándome en la siguiente pirámide:

La pirámide que te he dibujado refleja una concepción holística del ser humano, que abarca diferentes aspectos de nuestra existencia:

1. Cuerpo espiritual: este nivel se refiere a la dimensión espiritual y trascendental del ser humano. Incluye la búsqueda de significado, propósito, conexión con algo más grande que uno mismo, y la exploración de valores, creencias y prácticas espirituales.

2. Cuerpo emocional: este nivel se refiere a la dimensión emocional y afectiva de la persona. Incluye sentimientos, emociones, intuiciones y sensaciones. Es el ámbito donde se experimentan y procesan las emociones, tanto positivas como negativas.

3. Cuerpo psicológico: este escalón se relaciona con la mente y el pensamiento. Aquí se encuentran los procesos cognitivos, la percepción, la memoria, el razonamiento y la conciencia. Este cuerpo es responsable de nuestra manera

de interpretar el mundo y de nuestra forma de relacionarnos con él a nivel mental.

4. Cuerpo físico: este nivel se refiere al aspecto tangible y material del ser humano. Incluye el cuerpo físico, los órganos, los sistemas corporales y todo lo relacionado con la salud física. Es el vehículo que nos permite interactuar con el mundo físico y llevar a cabo nuestras actividades diarias.

Esta pirámide se basa en una visión holística del ser humano, que reconoce la interconexión entre diferentes aspectos de la persona: emocional, mental y físico. Sugiere que, para alcanzar un estado de bienestar completo, es importante atender y equilibrar cada uno de estos niveles. No hay una jerarquía estricta entre ellos, ya que todos son igualmente importantes y se influyen entre sí. Por ejemplo, un desequilibrio emocional puede afectar el bienestar psicológico y físico, y viceversa.

En términos de relación, estos cuerpos se influyen y se interconectan constantemente. Por ejemplo, los pensamientos negativos pueden generar emociones negativas que, a su vez, pueden afectar a la salud física. Del mismo modo, cuidar la salud física mediante una alimentación adecuada y ejercicio puede tener un impacto positivo en el bienestar emocional y psicológico.

En resumen, esta pirámide representa una manera de entender al ser humano de forma integral, reconociendo la complejidad y la interdependencia entre sus dimensiones emocionales, mentales y físicas.

Ahora que ya comprendes las piezas de esta pirámide, te explicaré su funcionamiento en tu cuerpo y en tu mente: el ataque llega desde tu cuerpo psicológico y atenta directamente contra tu cuerpo emocional, que es bidireccional, y se relaciona con tu autoestima (la idea que tienes de ti misma).

¡Este capítulo ha sido intenso, lo sé! Hemos visto y conocido la historia de Ana, hemos aprendido teorías sobre el amor y hemos tratado de aceptar e identificar a un nivel profundo nuestro deseo o no de tener pareja. Quizá necesites releer algunas partes antes de seguir, pues lo expuesto aquí te guiará en el resto del libro.

En el siguiente capítulo hablaremos sobre cómo tener una relación sana que funcione y qué debes hacer antes de enamorarte, pero ahora, vamos a recuperar nuestro diario.

Solo cuando asumes que no puedes ser perfecta en todo y dejas de compararte, comienzas a ser tú. Así es como se abren las puertas del cielo. Por eso, te voy a dejar aquí un ejercicio que te puede ayudar a dar ese primer paso hacia la liberación, porque ya sabes que no hay nada malo en desear tener pareja, en no ser perfecta y en decirlo a los cuatro vientos. Las preguntas que vamos a explorar en este ejercicio son una invitación a un viaje profundo hacia la autenticidad y el bienestar emocional en nuestras vidas y relaciones. Quiero que respondas a ellas:

- ¿Me siento triste y vacía a pesar de tenerlo todo?

  A menudo nos encontramos planteándonos si, a pesar de tenerlo todo, seguimos sintiéndonos tristes y vacías. Esta pregunta nos lleva a reconocer que el éxito externo no siempre se traduce en una verdadera satisfacción emocional.

- ¿Dedico tiempo a saber cuáles son mis necesidades, dificultades y a identificar desde dónde me estoy vinculando?

  La segunda pregunta nos invita a reflexionar sobre la importancia de dedicar tiempo a conocernos: nuestras necesidades, dificultades y patrones de comportamiento en las relaciones. Este autoconocimiento es esencial para establecer conexiones auténticas y satisfactorias.

- ¿Acepto qué tipo de amor necesito?

Y, por último, al aceptar y comprender qué tipo de amor necesitamos, nos sumergimos en una exploración más profunda de nuestro ser espiritual. Reconocer nuestras necesidades emocionales y espirituales nos permite establecer límites saludables y buscar relaciones que nos nutran y nos hagan crecer.

Estas preguntas nos llevan a un viaje de autodescubrimiento y crecimiento personal que nos ayuda a identificar áreas en nuestras vidas que requieren atención, y nos muestran la importancia de nutrir todos los aspectos de nuestro ser: emocional, mental, físico y espiritual. Al hacerlo, nos movemos hacia una vida más plena, auténtica y satisfactoria a todos los niveles.

La historia de Ana, presentada en este capítulo, nos muestra cómo el autoconocimiento y la comprensión profunda del amor son fundamentales para el crecimiento personal y la búsqueda de relaciones satisfactorias. Al reflexionar sobre sus experiencias pasadas a la luz de la teoría triangular del amor, Ana pudo identificar los componentes del amor presentes en sus relaciones y los desequilibrios que contribuyeron a su insatisfacción.

La conclusión es clara: el amor no es solo un sentimiento, sino una combinación compleja de intimidad, pasión y compromiso. Para cultivar relaciones saludables y duraderas, es esencial que estos tres componentes estén presentes y equilibrados. Además, el empoderamiento personal y el equilibrio entre el éxito profesional y el personal son claves para construir relaciones basadas en la autoestima, la autonomía y la comunicación abierta.

A través del proceso de terapia y autoexploración, Ana va camino de sanar su relación con el amor y encontrar una conexión más auténtica consigo misma y con los demás. Su historia nos enseña que el amor verdadero comienza adentro, con el autoconocimiento y el amor propio como cimientos sólidos para relaciones significativas y satisfactorias.

Aquí va la moraleja de la historia de Ana: el amor no es solo un sentimiento; es una mezcla de intimidad, pasión y compromiso. Para tener relaciones realmente gratificantes necesitamos que estos tres ingredientes estén bien equilibrados. Pero no es solo eso. También es importante que te sientas poderosa en tu propia piel, que encuentres ese equilibrio entre tu éxito en el trabajo y tu vida personal, y que aprendas a comunicarte abierta y honestamente con los demás.

Pero ¿sabes qué? Vas por buen camino. Mediante la terapia y tu autoexploración estás en proceso de sanar tu relación con el amor y contigo. Así que sigue adelante. Recuerda que el amor verdadero comienza dentro de ti, con el amor propio y el autoconocimiento como tus mejores aliados en la búsqueda de relaciones auténticas y satisfactorias. ¡Tú puedes lograrlo!

Así que, ¿qué conclusiones podemos sacar de todo esto? Bueno, creo que queda claro que no hay absolutamente nada de malo en querer tener pareja. Todos lo deseamos en algún momento, ¿verdad? Pero lo importante es entender que el amor no es como nos lo pintan en las películas de Hollywood. No se trata solo de esas emociones intensas y esos momentos de película. El verdadero amor viene también con amistad, compromiso y mucho, mucho respeto.

Entonces, si estás buscando a tu otra mitad, hazlo con confianza, pero también con realismo. No te obsesiones con encontrar a alguien perfecto, porque la perfección no existe. Más bien, busca a alguien con quien puedas ser tú misma, con quien puedas compartir risas, lágrimas y sí, incluso algunos momentos eróticos. Porque al final del día, el amor es un viaje juntos, lleno de altibajos, pero también de momentos inolvidables que hacen que todo valga la pena. Así que sigue adelante, ¡tu pareja perfecta podría estar más cerca de lo que crees!

4. La búsqueda del amor

En el capítulo anterior hablábamos del miedo al amor aun cuando deseamos una relación de pareja. En este te acompañaré a descubrir que nuestro miedo más profundo no es que esa persona que tanto nos gusta no nos quiera o que no le parezcamos suficiente; nuestro miedo más profundo es otro completamente distinto: está en nosotras y solo lo podremos sanar mirando en nuestro interior. Y quizá te sorprenderá saber que, aunque suene contradictorio, nuestro miedo más profundo es que nos quieran... ¡y que salga mal! Y ese miedo es racional porque ¿quién quiere sufrir por amor? Nadie. Por eso, a veces nos boicoteamos durante la búsqueda del amor al construirnos una coraza que la otra persona no pueda traspasar para que no pueda atacar nuestra vulnerabilidad.

Si te sientes así, no te preocupes, a lo largo de este capítulo trataré de darte las claves para que emprendas una búsqueda del amor en la que te sientas segura y protegida sin necesidad de levantar muros, solo confiando en ti, en lo que puedes ofrecer y en lo que mereces recibir a cambio.

Mereces un amor que te permita ser tú misma

Vas a esa cita y sientes que, por los nervios, dejas de ser tú; dejas de comportarte genuinamente y de forma auténtica y te conviertes en una mujer ansiosa que desea ser aceptada y elegida por él. Tras la cita, no paras de mirar el teléfono por si te escribe y te da pavor que no te acepte ni te quiera como de verdad eres, así que intentas ser ingeniosa en tus respuestas, no preguntas ni hablas tú primero por miedo a resultar agobiante y, en definitiva, pones tus necesidades en un segundo plano porque no quieres «fallar» ni cometer ningún error que haga que no volváis a quedar. Pero, al final, hagas lo que hagas, la relación no sale adelante y lo único que has sacado en claro es que te has descuidado a ti misma y no has sido la persona que realmente eres porque ni siquiera te has dado la oportunidad de serlo. ¿Te ves retratada en esto que te cuento?

Si este es tu caso, comprendo que todas estas situaciones (las citas, las conversaciones, la incertidumbre, el miedo a no gustar...) te produzcan ansiedad y generen un filtro en tu interior que te hace ver parejas allá donde vas, lo que te genera más angustia, si cabe, porque tú no consigues prosperar en tus relaciones. Intentas calmarte pensando que ya llegará tu momento, pero en el fondo vas perdiendo la esperanza porque ves que la gente de tu alrededor se empareja y tú no consigues una relación sana. Al final, caes en el bucle de las relaciones fallidas, y estar ahí metida te quita paz.

Esta es la realidad de muchas mujeres que creen que temen el rechazo, pero que, en realidad, lo que temen es asumir que tienen que trabajar en su interior. Y es que, como te anticipaba, **nuestro miedo más profundo es que sí nos quieran.** No temes que te rechacen, sino que, a un nivel inconsciente y muy profundo, temes ser querida y amada. Así, el mecanismo de tu mente más profunda es el siguiente: que te quieran implica dejar de vivir en congruencia con lo que piensas de ti misma; por tanto, no mereces ser amada.

Sé que es difícil de entender porque es un concepto muy latente que proviene del inconsciente, pero si te ves reflejada en lo que te cuento seguramente sea porque en lo profundo de ti piensas que no mereces ser amada y esa es tu zona de confort; por eso repites una y otra vez el patrón de las relaciones fallidas. Esta es la única manera que conoces de ser coherente contigo misma, basada en el llamado «principio de consistencia», que dicta que las personas tienden a actuar de manera coherente con sus creencias, valores y actitudes. Por ejemplo, siguiendo lo que veníamos diciendo, si en el fondo crees que no mereces ser amada y tu miedo profundo es que te amen y que no funcione, entonces, para sentir coherencia con tus principios, vas a enfrascarte en relaciones condenadas al fracaso y te vincularás con hombres emocionalmente no disponibles, ¿entiendes? Romper este principio implica cortar de raíz la creencia de que no mereces amor y soltar el miedo a lo desconocido. Es decir, aprender y creer con seguridad que mereces eso a lo que llamamos «buen amor», y entender que es importante permitir que entre en tu vida.

Es cierto que ese sentimiento de no ser merecedora de amor surge de las altas expectativas sobre las mujeres en nuestra cultura. El peso de estas ideas influye en nuestra forma de relacionarnos y facilita la repetición de patrones tóxicos. Por eso, por el mero hecho de no creer en tu valía, te conformarás con cosas que no te llenan del todo. Y esto da lugar a dos problemas iniciales que hacen que no logres tener una relación sana:

1. Si no eres consciente de que temes ser amada, no puedes cambiar tu patrón subconsciente y comenzar a permitir que el amor fluya en tu vida. Este punto básicamente dice que, si tienes miedo a ser querida pero no te das cuenta, te será difícil cambiar esa actitud y permitir que las buenas vibras del amor entren en tu vida. Es como si estuvieras intentando abrir una puerta sin saber que llevas la llave en el bolsillo. Una vez que te das cuenta de que tienes ese miedo, puedes empezar a trabajar en él para dejarlo ir y abrirte al amor. Muchas veces nuestras experiencias pasadas y creencias subconscientes pueden influir en nuestro comportamiento y decisiones de manera inconsciente. Si una persona tiene miedo a ser amada debido a experiencias pasadas o creencias arraigadas, pero

no es consciente de ello, es poco probable que pueda cambiar su forma de relacionarse con los demás. La conciencia de este miedo es el primer paso para poder abordarlo y trabajar en él. Cuando una persona es consciente de que teme ser amada, puede comenzar a explorar las raíces de ese miedo, afrontarlo y trabajar para cambiar su patrón de pensamiento y comportamiento, para permitir que el amor fluya en su vida.

2. Quizá no hayas aprendido a relacionarte con los hombres de una manera sana. Esto sugiere que tal vez no has tenido buenos ejemplos o experiencias de relaciones con hombres. Aprender a llevarse bien en relaciones sanas implica cosas como comunicarse bien, poner límites adecuados, encontrar un buen equilibrio entre pasar tiempo juntos y tener tu propio espacio, y tener expectativas realistas. Si no has aprendido estas cosas o no has tenido buenos ejemplos de cómo hacerlo, es posible que te cueste trabajo relacionarte de manera sana con los hombres. Pero darte cuenta de esto es el primer paso para poder cambiar y aprender.

Hemos hablado del primer punto: debes saberte merecedora de amor para recibirlo. En cuanto al segundo, es normal que no te hayas relacionado nunca con los hombres de un modo correcto si siempre lo has hecho con la idea de que tú les debes algo y ellos no te deben nada a ti. Si siempre has sentido que debes algo a los hombres en tus relaciones, especialmente en términos de amor, es comprensible que te resulte difícil relacionarte de manera sana. Pero la realidad es que las relaciones saludables se basan en la reciprocidad y el respeto mutuo. Por lo tanto, es importante desafiar esa creencia de que les debes amor a los hombres y que no mereces nada a cambio.

Por eso, para ayudarte en el camino, he diseñado un potente ejercicio para que empieces a cambiar.

El ejercicio que te propongo es una herramienta potente para empezar a cambiar esta perspectiva. Al escribir en tu diario y reflexionar sobre tus experiencias pasadas, podrás identificar esos patrones de pensamiento y comportamiento arraigados que pueden estar afectando a tus relaciones. Debes reconocer que mereces amor y que las relaciones deben ser recíprocas te ayudará a establecer límites más saludables y a relacionarte con los hombres desde una posición de igualdad y dignidad.

A medida que avances en el ejercicio, podrás explorar más a fondo cómo han influido tus creencias pasadas en tus relaciones y cómo puedes trabajar en cambiar esos patrones. Establecer metas concretas y acciones para desafiar tus creencias sobre el amor y las relaciones te permitirá avanzar hacia una forma más saludable de relacionarte tanto contigo misma como con los hombres.

Recuerda que este proceso lleva tiempo y esfuerzo, pero cada paso que des hacia una mayor conciencia y cambio es un paso hacia relaciones más satisfactorias y significativas.

Diario de reflexión sobre el amor y las relaciones

1. Identifica tus miedos y creencias sobre el amor: dedica un tiempo cada día a escribir en un diario sobre tus pensamientos y sentimientos acerca del amor y las relaciones. Reflexiona sobre si te da miedo ser querida, cuáles podrían ser las razones detrás de ese miedo y cómo ha afectado este a tus relaciones pasadas o presentes. Reconocer y escribir sobre estos sentimientos te ayudará a tomar conciencia de ellos.

2. Explora tus experiencias pasadas: piensa en tus experiencias pasadas en relaciones con hombres. Identifica patrones o comportamientos que quizá no fueron saludables o que podrían haber sido influidos por miedos o creencias negativas sobre el amor. Escribe sobre cómo estas experiencias han afectado tu forma de relacionarte con los hombres en el presente.

3. Desafía tus creencias y miedos: una vez que hayas identificado tus miedos y creencias sobre el amor, trabaja en desafiarlos. Escribe sobre por qué podrían no ser ciertos o por qué podrían no aplicarse a tu situación actual. Por ejemplo, si tienes miedo de ser querida porque has resultado herida en el pasado, reflexiona sobre que cada relación es única y que el pasado no tiene por qué dictar el futuro.

4. Establece metas y acciones: basándote en tus reflexiones, establece metas para cambiar tus patrones de pensamiento y comportamiento en las relaciones. Por ejemplo, si has identificado que te cuesta confiar en los hombres, establece la meta de trabajar en la confianza y practicar la apertura en tus relaciones. Luego, escribe acciones concretas que puedas llevar a cabo para alcanzar esas metas, como practicar la comunicación abierta o buscar apoyo terapéutico si es necesario.

5. Reevalúa y ajusta: revisa tu diario y tus progresos regularmente. Reflexiona sobre lo que ha funcionado bien y lo que podría necesitar un ajuste. Este proceso de autoevaluación te ayudará a mantener el rumbo hacia relaciones más sanas y satisfactorias.

Este ejercicio te permitirá explorar tus sentimientos, identificar patrones y trabajar en cambiar tu relación contigo y con los hombres. Recuerda que el proceso de cambio requiere tiempo y esfuerzo, así que sé paciente contigo mientras trabajas en ello.

Red flags en la búsqueda del amor

En el capítulo anterior vimos que la coherencia de admitir que deseo tener una relación de pareja es fundamental para empezar a construir relaciones sanas sin perder nuestra propia identidad y, para lograr esto, la terapia es vital. Mientras te animas a comenzar tu proceso de terapia, te voy a dar una herramienta básica para que vayas hacia tus adentros y logres conectar con la abundancia del deseo de ser amada, lo que hará que logres alcanzar el amor sin perderte a ti misma.

Lo primero que debes hacer para conocerte y aumentar tu amor propio en la búsqueda de una relación de pareja es detectar las señales de una relación tóxica durante esa búsqueda para evitar caer en ella. No basta con conocer las *red flags* («banderas rojas», es decir, señales que informan de que algo falla y de que esa persona no es para ti) que te indicarán que ahí no es, sino que también debes aprender a evitarlas de forma consciente. Gracias a esta herramienta básica te ahorrarás tiempo y quebraderos de cabeza y serás tú quien marque qué quieres y qué no en tus relaciones. Estas son las principales señales que indican que él no está preparado para una relación:

1. Tiene a su ex presente: si habla constantemente de ella es que aún ocupa su mente, por lo que no te está dando el espacio necesario para que entres. Además, es probable que no haya superado la ruptura y siga en proceso de duelo.
2. Tiene otras prioridades: prioriza el trabajo y sus obligaciones frente a ti. Seguramente él tenga su vida y no pueda dedicar a la relación todo el tiempo que se merece, es

comprensible, todos estamos muy atareados, pero si no busca alternativas o saca un hueco para estar contigo quiere decir que no ve en ti un proyecto viable.

3. No quiere exclusividad: levanta la bandera roja si él quiere tener una relación abierta nada más empezar a conocerte y eso no es negociable. Si tú no deseas eso, no te quedes ahí pensando que lo harás cambiar de opinión. No puedes pretender cambiar a nadie.

4. Tiene miedo al compromiso: si él no está dispuesto a mantener una relación a largo plazo, no intentes ser tú quien le haga ver las cosas de otra manera. No es posible conseguir que se comprometa si no quiere. Además, lidiar con sus problemas con el compromiso es trabajo para un profesional de la psicología, así que no cargues sobre tus hombros problemas ajenos que no puedes resolver.

5. Su interés es fluctuante: si a veces se interesa en ti y otras no, lo ideal es que te alejes. No sabes cuáles son sus motivos reales para estar contigo.

6. El tiempo que te dedica es limitado: nunca tiene tiempo para ti o no se preocupa por saber cómo estás.

7. No sabe lo que quiere: si no tiene claro lo que quiere, es que no te quiere. Porque, si te quisiera, estaría motivado y con ganas de seguir adelante.

Puede que me digas que es imposible encontrar a alguien que no tenga ninguna de las *red flags* que acabo de enumerarte y que debes conformarte con que tenga pocas, pero no creo que conformarte te sirva para crear esa relación sana que te mereces. Por otro lado, elegir a hombres que te convienen porque no tienen *red flags* pero que no te hacen vibrar es igual de escaso, tampoco te ayuda a sostener una relación sana y lo único que conseguirás es mantenerte en un lugar al que no perteneces. Y sé que, tras leer esto, tal vez pienses que entonces no hay esperanza, pero, por suerte, he de decirte que sí. Si cambias tu manera de quererte y luego tu manera de ver a los hombres con los que puedes tener una relación romántica, acabarás encontrando a uno que aúne las dos cualidades: ¡te encanta y no tiene *red flags!* Así que, ahora que ya sabes que mereces amor, vamos a por el segundo paso, el de cambiar tu mirada sobre los hombres.

Cómo relacionarte con los hombres

Que no sepas relacionarte con los hombres como lo haces en el resto de las áreas de tu vida no es malo y, además, tiene solución. Querer aprender a querer tampoco es malo. Aprender a dejar de mostrarte como la tía dura y autosuficiente no es malo. Y que desees aprender a abrazar tu vulnerabilidad como mujer te hace aún más fuerte y es fundamental para lograr tener una relación de pareja sana y estable.

Déjame decirte algo: tanto si vas de mujer supersegura de sí misma como si eres una mujer dependiente e insegura en las relaciones, deberás aprender a vincularte de forma sana para poder liderar otras esferas de tu vida. Por eso quiero compartir contigo un recurso muy poderoso y valioso que he aprendido y que siempre transmito a las pacientes que trabajan con nosotras en nuestra terapia con el Método Ahora Yo. Es una técnica que me gustaría que imprimieras y tuvieras siempre a la vista.

Voy a explicarte cómo sucede el cambio en ti (ya que a veces vamos por buen camino, pero no somos capaces de verlo), y, además, en ocasiones, tendemos a forzar el cambio sin saber que este sucede solo y de una forma muy especial, en tres pasos:

1. El primer paso del cambio es tomar conciencia. Muchas veces confundimos lo que deseamos, la fantasía, con la realidad. Mezclamos lo que es y no queremos ver con lo que desearíamos que fuese y no vemos. Por eso, si entrenas tus niveles de autoconocimiento y aceptación de la realidad, sin mentirte y aceptando lo que es, solo con esta

acción estarás creando la chispa para que crezcan nuevas formas de realidad. Todo lo que hemos trabajado en los capítulos anteriores, los ejercicios que has hecho y tu diario, han sido diseñados con este fin. Así que, si los has hecho, no debes preocuparte, porque para entrenar tu capacidad de toma de consciencia, lo importante es dedicar tiempo a estar contigo y enfrentarte a un papel en blanco.

2. El segundo paso del cambio es aceptar de forma radical que quizá, hasta el momento, no has hecho bien las cosas. A lo mejor tienes tu parte de responsabilidad. Puede que no hayas sabido escuchar a tu intuición cuando te decía que la relación estaba condenada al fracaso. Perdónate porque no has sabido hacerlo mejor y eso está bien, y comienza de nuevo desde otra perspectiva. La aceptación la has conseguido tras la toma de consciencia y la diferenciación entre realidad y fantasía, al diferenciar entre lo que te gustaría que fuese la realidad y cómo ha sido. Por ejemplo, ante un chico que no se queda en una relación contigo tienes dos opciones: pensar que todos los hombres son iguales y no quieren compromiso (pintar la realidad y fantasear) o pensar que quizá tú no supiste ver las señales que indicaban que no estaba dispuesto al compromiso, y aun así te quedaste en la relación por si finalmente él se comprometía (la realidad). Sea cual sea tu situación, debes perdonarte.

3. El tercer paso del cambio es perdonarte. Solo cuando llegues a este punto de aceptación y perdón radical se abrirá un vórtice y se generará el espacio para el cambio. Cuando en el amor llegamos a este tercer punto, ya estamos completamente alineadas y preparadas para atraer a esa persona especial. Y muchas veces no hacer nada es hacer algo y lograr llegar. Siempre estamos como locas planeando sin parar, pensando que si me quedo en casa no conoceré al amor de mi vida. Y en eso estamos totalmente equivocadas,

pues muchas veces no se trata de **hacer** sino de **ser**. Entiéndeme, no hay nada de malo en **hacer,** pero ¿y el **ser?**

Aunque no siempre funcione así, en el caso del amor, no cambiar ante una situación que provoca sufrimiento es aceptar quedarse en ese maldito bucle. Y tú, querida, has decidido cambiar y ser, por fin, tú misma. Felicítate por ello y siéntete orgullosa.

Así que toma nota: para relacionarte con los hombres, lo primero es mirar a fondo en tu interior para sanar, ser coherente con tus deseos más profundos y construir una mejor versión de ti que atraiga a un hombre disponible emocionalmente y que valga la pena, pero... una vez das este paso, ¿qué es lo que siempre recomiendo a mis pacientes que hagan antes de enamorarse?: Poner la cabeza.

Poner la cabeza

Cuando hablamos de «poner la cabeza» nos referimos a que el amor no es sentir mariposas en el estómago; eso es adrenalina, y lo que prevalece hormonalmente en las parejas que tienen relaciones sanas es la oxitocina. La química es fundamental, pero no debe superar a la compatibilidad, ya que esta segunda es la que conseguirá que la relación se sostenga en el tiempo. La adrenalina es una hormona, un neurotransmisor que nuestro cuerpo produce en momentos de excitación o estrés. Es la responsable de sensaciones de emoción intensa, como las mariposas en el estómago cuando estamos nerviosos o emocionados. La adrenalina prepara nuestro cuerpo para la acción aumentando la frecuencia cardíaca, dilatando las pupilas y movilizando la energía para enfrentarse a una situación desafiante.

Por otro lado, la oxitocina es otra hormona fundamental en nuestras interacciones sociales y emocionales, y se conoce comúnmente como la «hormona del amor» o la «hormona del apego». Se libera en situaciones de intimidad y afecto, como durante el contacto físico, el abrazo, el beso o la relación sexual. La oxitocina promueve la conexión emocional, la confianza y el vínculo entre personas. También juega un papel importante en el parto y la lactancia materna, porque facilita el apego entre la madre y el bebé.

Entonces, cuando hablamos de «poner la cabeza» en una relación, nos referimos a priorizar aspectos más profundos y estables del amor, como la confianza, el compromiso y la empatía, sobre las emociones pasajeras como las provocadas por la adrenalina. Es un enfoque más consciente y maduro, que busca construir relaciones duraderas y significativas basadas en el cuidado mutuo y la comprensión emocional.

Aunque es cierto que nos han vendido que el amor es locura y pasión, se parece más a la tranquilidad y a la paz. Por eso, antes de vincularte con esa persona que te atrae, es necesario poner la cabeza. Es decir, valorar otros aspectos que pueden hacerte ver que esa persona no es la adecuada, ya sea porque no tiene los mismos valores que tú, porque tenéis ideas muy diferentes que son incompatibles o porque él tiene unos hábitos que no van contigo.

Si retomamos la explicación del capítulo anterior sobre los tres conceptos o claves de una relación según el psicólogo estadounidense Robert J. Sternberg (pasión, intimidad y compromiso), vemos que de entrada hay una elección física. Es decir, una atracción o pasión que, aunque tenemos la idea de que es física, puede ser también intelectual. Muchas mujeres se quedan ahí porque ese hombre las vuelve locas y deciden enamorarse solo en base a esa atracción, pero hay que ir más allá. Puede ser que él viva a cientos de kilómetros y que no esté dispuesto a mudarse, que no comparta la idea de familia y los planes de futuro que tú tienes o que consuma drogas y no quieras esa conducta cerca de ti. El caso es que debes evaluar si él es compatible contigo y no dejarte llevar solo por lo que te atrae física o intelectualmente de primeras.

Después, tras evaluar completamente tu compatibilidad con esa persona, podrás entregarte y dejarte enamorar o no. Es decir, podrás poner la voluntad.

Sé que esto que te cuento de tratar de poner la cabeza antes de enamorarte puede parecerte forzado, pero, créeme, nos han vendido una película que poco tiene que ver con la realidad de las relaciones de pareja y dejarse llevar como locas sin medir con quién no tiene sentido, ya que, normalmente, terminará en fracaso y será una pérdida de tiempo y energía.

El amor es paz, y para ello hay que poner la cabeza y también subirle el volumen a la intuición y a la elección activa. Esto no quiere decir que de repente hagas como algunas de nuestras pacientes que, como no les ha funcionado con el perfil de hombre que les gusta, van y se fijan en el antiperfil. Ten en cuenta que no todo lo sano ha de ser para ti: la lechuga no le sienta bien a todo el mundo. No vale la pena pasar de un perfil de hombre que te atrae, pero no te conviene a otro que es todo lo contrario pero no te ilusiona. Ambos puntos son igual de malos. Por eso debes saber decir que no a cualquiera de los dos polos, ser honesta contigo y trabajar integrando mente y corazón, porque los machos alfa no son para nadie, pero eso no quiere decir que todos los hombres buenos vayan a ser un sí para ti.

Además, si esa persona, por muy disponible emocionalmente que esté y muy buen chico que sea, no te atrae, no te enamora y no te hace vibrar es que ese no es tu sitio. Has de buscar a alguien que te convenga y que, además, te enamore. O no dará resultado.

Y aquí llegamos a otro punto interesante: ¿por qué muchas veces te quedas ahí si ese no es tu lugar? La respuesta es: porque no crees que se pueda tener todo. ¡Y deberías creerme cuando te digo que sí se puede! Es posible tener una gran carrera profesional, todos los hijos que desees y una bonita relación. Lo que pasa es que por ahora no lo has conseguido y, además, te han dicho que no es posible. Y eso es una gran mentira que desata el miedo y que hace que tiendas a pensar que lo que te conviene nunca te enamorará, y por eso te conformas con uno que está emocionalmente distante.

Otro escenario interesante es cuando estás con un hombre con el que las cosas no fructifican, pero no rompes la relación porque crees que tiene potencial. Piensas que, si le ayudas a desarrollarlo, terminará congeniando contigo, y esto hace que no tomes la decisión de cortar por miedo a dejar pasar a esa persona que puede que se convierta en alguien perfecto para ti. Pero ya te he dicho que no debes cambiar a nadie, y ahora te digo que lo que tienes que valorar es el aquí y ahora para iniciar una relación en la que te convenga poner cabeza y enamorarte. Si no te hace vibrar, debes dejarlo pasar. Mereces dejar de sentirte desconectada y desintegrada, recuérdalo siempre.

Y, como conclusión de este capítulo, te lanzo la pregunta que abre el siguiente y que muchas mujeres me hacen en terapia cuando llegamos al mismo punto en el que estás tú ahora mismo. Mis pacientes me dicen: lo entiendo, veo lo que dices y soy consciente de que hasta ahora he elegido de forma errónea, por eso quiero estar con un hombre emocionalmente disponible, pero… ¿por qué no me enamoro si es perfecto?

¡Te respondo en el siguiente capítulo!

5. ¿Por qué no me enamoro si es perfecto?

A menudo, en las relaciones de pareja nos encontramos en encrucijadas emocionales que desafían nuestra calma interior. Una de ellas puede ser la que da título a este capítulo: ¿por qué no nos enamoramos de alguien que es perfecto para nosotras? Pues, obviamente, porque el juego del amor no siempre atiende a la lógica y no debemos forzar lo que no sucede. Pero sí podemos reeducarnos, conocernos y amar nuestras partes heridas para que no sean quienes guíen la elección de pareja.

Para responder a la pregunta que da título al capítulo te voy a hablar de la ley del espejo: lo que me atrae de ti es lo que no permito en mí; lo que me atrae o me genera rechazo de los demás refleja una parte de mí que no permito que aflore. Si mi pareja no quiere comprometerse es posible que, de forma inconsciente, una parte de mí tampoco quiera compromiso. Esta regla también funciona al revés, si mi pareja me miente, eso significa que yo también me estoy mintiendo. ¿Cómo nos mentimos? De mil maneras, quizá me estoy contando historias para aguantar situaciones que ya no quiero aguantar. La calidad de nuestros vínculos siempre refleja nuestro estado de consciencia predominante. Así, si mi pareja no me escucha es posible que yo tampoco me esté escuchando. Si mi pareja no me prioriza es simple, yo tampoco me estoy priorizando. Observar qué nos atrae o nos genera rechazo de los demás, aunque sea un amigo, un jefe o un conocido, es uno de los recursos de autoconocimiento más potentes de que disponemos. Nuestras relaciones siempre nos van a mostrar los recursos que podemos incorporar para equilibrarnos y vivir un poquito más tranquilas y en nuestro centro. Eso es se conoce como la ley del espejo.

La ley del espejo

La ley del espejo es un concepto psicológico y espiritual que sostiene que las personas y las situaciones en nuestra vida actúan como espejos que reflejan aspectos de nuestro ser interno. Este principio sugiere que lo que atraemos a nuestra vida y lo que nos molesta o nos agrada en los demás es un reflejo de lo que tenemos en nuestro interior, consciente o inconscientemente.

En términos más concretos, la ley del espejo implica:

1. El reflejo de lo interno: las cualidades que admiramos o criticamos en otros son un reflejo de nuestras propias cualidades, creencias, miedos, deseos y aspectos no resueltos. Si algo nos molesta mucho de una persona, podría ser una indicación de que hay algo similar en nosotras que necesitamos reconocer y trabajar.

2. Autoconocimiento: al observar nuestras reacciones hacia los demás, podemos obtener información valiosa sobre nosotras. Nos da la oportunidad de descubrir partes de nuestra personalidad que quizás no queramos admitir, pero que están influyendo en nuestro comportamiento y en nuestra vida.

3. Responsabilidad personal: nos anima a responsabilizarnos de nuestras emociones y reacciones en lugar de culpar a los demás. Si algo nos causa incomodidad o enfado es una señal de que hay algo dentro de nosotros que necesita ser sanado o ajustado.

4. Crecimiento personal: utilizar la ley del espejo como una herramienta de autoconocimiento puede conducir a un mayor crecimiento personal y emocional. Nos permite trabajar en nuestras debilidades y potenciar nuestras fortalezas.

En la práctica, aplicar la ley del espejo puede implicar reflexionar sobre las siguientes preguntas:

- ¿Qué me está mostrando esta persona o situación sobre mí misma?
- ¿Por qué me molesta tanto este comportamiento?
- ¿Hay algo en mí que se parece a lo que estoy criticando en el otro?
- ¿Cómo puedo usar esta información para crecer y mejorar?

La ley del espejo no es una teoría concreta, sino más bien una herramienta de introspección y desarrollo personal utilizada en diversas tradiciones de autoayuda y espiritualidad.

Siguiendo este principio, la búsqueda de una relación de pareja no debería ser un torbellino emocional, sino un camino hacia la paz mental y el autoconocimiento. Es vital elegir la calma en lugar de la agitación y optar por la estabilidad emocional en lugar de vivir una montaña rusa de emociones que a veces nos envuelve al inicio de una relación. Es común caer en la trampa de la obsesión inicial, donde cada mensaje se convierte en un subidón emocional y cada silencio, en una caída. Pero, antes de meternos en materia, quiero recordarte que este patrón no te guiará hacia la auténtica conexión con una posible pareja.

A lo largo de este capítulo mi objetivo principal es que me permitas acompañarte en esta exploración hacia el arte de mantener la calma en el amor, sin forzarte a enamorarte de personas que no te llenan por miedo a estar sola o a que no aparezcan más oportunidades, y dejando atrás el dolor que produce la falta de estabilidad amorosa para dar la bienvenida a la serenidad que mereces. Porque, al final, el amor debería ser un bálsamo para el alma, no una tormenta que sacude nuestro equilibrio. Sigue leyendo para explorar el poder transformador de decir «no» a relaciones que no nos nutren y entender que la serenidad es la clave para dar paso a alguien significativo en nuestra vida. Descubramos juntas la belleza de la paz interior en el amor.

¿Por qué no funciona?

Quiero que esta premisa sea tu faro cuando conozcas a alguien: el objetivo a la hora de elegir mantener una relación de pareja es que estés con una persona que te haga sentir en paz. Está claro que tiene que haber atracción y algo de incertidumbre o ilusión al principio, pero debes sentirte sosegada y, aunque la etapa de conocer a alguien te llene de emociones, te sugiero que siempre te preguntes: «¿Esta relación hace que me sienta bien, tranquila y segura o me desestabiliza emocionalmente?». Si la respuesta es que te desestabiliza, huye cuanto antes porque ahí no es.

Es completamente humano sumergirse en esa montaña rusa característica del inicio de una relación. Esa mezcla de anticipación, mariposas en el estómago y mirar constantemente el teléfono para ver si hay un mensaje es como una montaña rusa emocional que a muchas nos resulta familiar. Sin embargo, es crucial reconocer que estas reacciones extremas, donde la ausencia de un mensaje puede llevarte de la euforia a la melancolía, son señales claras de que algo podría no estar yendo por el camino más saludable.

Cuando cada mensaje se convierte en un subidón emocional y la falta de comunicación te sume en una especie de bajón entras en una dinámica que puede tener consecuencias negativas a largo plazo. Aquí te dejo algunas razones para reflexionar sobre por qué estas oscilaciones emocionales pueden indicar que la relación no avanza de la manera más positiva, y, además, te mostraré cómo revertir cada una de ellas con una alternativa de acción y te daré un ejercicio para que tengas herramientas para romper círculos viciosos en tus oscilaciones emocionales.

Dependencia emocional

Estar constantemente a la espera de un mensaje puede ser una señal de dependencia emocional. Si tu bienestar emocional depende en gran medida de la atención y validación del otro, corres el riesgo de perder tu autonomía emocional.

Alternativa

Fomenta tu autonomía emocional buscando actividades que disfrutes sin necesidad de nadie más. Esto puede ser desde practicar una afición hasta salir a caminar sola.

Mantén un diario emocional para registrar tus sentimientos y reflexiones diarias. Identifica las actividades que te hacen sentir independiente y completa y apuesta por ellas.

Falta de estabilidad emocional

Las relaciones sólidas se construyen sobre la base de la estabilidad emocional. Si tu seguridad emocional depende de la respuesta del otro, podría ser un indicador de que la relación está generando más inestabilidad que equilibrio.

Alternativa

Trabaja el equilibrio emocional mediante la meditación o la práctica de la atención plena (*mindfulness*). Aplicaciones como Calm o Headspace pueden ser recursos útiles.

Crea una lista de afirmaciones positivas sobre ti. Repítelas en momentos de ansiedad para fortalecer tu estabilidad emocional.

Distracción de la auténtica conexión

La obsesión inicial puede desviar la atención de lo que realmente importa en una relación: la conexión genuina, la comunicación significativa y el crecimiento conjunto. Cuando la ansiedad por la comunicación eclipsa estos elementos fundamentales, es hora de replantearse la dirección de la relación.

Alternativa

Establece límites saludables para el uso del teléfono en el contexto de la relación. Dedica tiempo a conectarte cara a cara ya sea personalmente o mediante videollamadas.

Haced actividades compartidas que fomenten la conexión emocional, como explorar lugares nuevos o participar en un proyecto en común.

Autoestima atada a la respuesta del otro

Si tu autoestima se ve fuertemente afectada por la atención que recibes o su ausencia, mantente alerta, pues esto es un recordatorio crítico de que la relación podría estar influyendo negativamente en tu autoestima.

Alternativa

Trabaja en fortalecer tu autoestima mediante la autorreflexión y el autocuidado. Aprende a reconocer y celebrar tus logros personales.

Puedes comenzar a trabajar con mi guía de autoestima, que encontrarás en Amazon o en cualquier librería. Se titula *Aumenta tu autoestima: las 10 claves que necesitas para cambiar tu vida.*

Crea una lista de tus fortalezas y logros personales. Revísala regularmente para recordarte tu valía independientemente de las respuestas externas.

Tras estos consejos, quiero hacerte un recordatorio: el camino hacia una relación saludable comienza cuidándote, y estas alternativas y ejercicios son herramientas que pueden ayudarte a construir una base sólida para una conexión más positiva y equilibrada contigo. Así que no dudes en ponerlas en práctica tanto si te encuentras en una situación de oscilación emocional como si no, ya que te valdrán para futuras situaciones complejas en tus relaciones.

El amor no debería ser una montaña rusa emocional que te haga sentir fuera de control. Observa estas señales con atención y valora si la relación está enriqueciendo tu vida emocional o si te está sumergiendo en un ciclo de dependencia y ansiedad. Tomarte tiempo para evaluar estas dinámicas emocionales puede ser el primer paso hacia una relación más saludable y equilibrada. ¡Mereces un amor que te aporte paz y felicidad constante!

La experiencia femenina

A veces, las mujeres no nos sentimos muy emocionadas con los chicos que nos gustan y no entendemos por qué. Nos preguntamos si realmente nos atraen o no. La verdad es que nos han bombardeado tanto con la idea del amor perfecto que nos ponemos demasiada presión para que nuestra relación sea como sacada de una película. Nos obsesionamos con cumplir expectativas y, si no lo hacemos, nos sentimos mal y culpables. Esto es porque se nos dice que cuando nos enamoramos tenemos que sentir mariposas en el estómago. Pero esto nada tiene que ver con el amor, esa sensación es nerviosismo. Como ya hemos comentado, el amor es paz, tranquilidad y calma, y nada tiene que ver con sentir ansiedad (o mariposas). Sin embargo, tenemos tan interiorizadas esas sensaciones vinculadas con el amor que, cuando no aparecen al principio de una relación, creemos que es aburrida y nos deja de interesar.

Es cierto que, desde una perspectiva biológica, las mujeres sentimos atracción por los hombres que no están disponibles. Hay estudios que sugieren que las mujeres pueden sentirse más atraídas por hombres que muestran signos de ser «deseables» o «competitivos», lo que a menudo se asocia con la inaccesibilidad o la falta de disponibilidad. Sin embargo, es importante señalar que la atracción es un fenómeno complejo. Lo que voy a compartir ahora contigo es un estudio que explica la base biológica del por qué nos pueden llegar a atraer hombres no disponibles emocionalmente (a nivel biológico) pero quiero que esto lo cojas con pinzas, porque no solo somos biología, somos mucho más. Sin embargo, creo que debes conocer lo que se desprende de este estudio, porque puede ayudarte.

Jon Maner y sus colegas hicieron un estudio relevante sobre este tema en 2009, titulado «Deseabilidad social y la diferencia entre los sexos en la preferencia por los partidos sociales dominantes». En él, se halló que, en situaciones hipotéticas, las mujeres mostraban una mayor preferencia por los hombres que ya estaban comprometidos en una relación. Los investigadores sugirieron que esto podría deberse a la percepción de que los hombres en relaciones comprometidas poseen cualidades deseables que los hacen atractivos para otras mujeres.

Sin embargo, es importante interpretar estos hallazgos con precaución y tener en cuenta otros factores que influyen en la atracción, como la personalidad, los valores individuales y las experiencias personales. La atracción no se reduce únicamente a la disponibilidad de un individuo, sino que es un proceso multi-facético, que puede estar influido por una variedad de factores biológicos, psicológicos y sociales.

El origen de este patrón es la biología, donde la respuesta femenina se ve influida por la necesidad ancestral de activarse sexualmente frente a la presencia de machos que parecen inacce-sibles. Desde una perspectiva evolutiva, las hembras han desarro-llado esta respuesta como una estrategia para favorecer la permanencia de machos protectores y asegurar la supervivencia de la descendencia. En este sentido, la liberación de feromonas por parte de la hembra al activarse sexualmente tiene el propósi-to de atraer y retener al macho en su entorno. Para ilustrar este fenómeno, podemos observar un paralelismo en el reino animal, particularmente en las leonas que, durante el período en que amamantan a sus crías, muestran receptividad sexual. Este com-portamiento específico tiene como objetivo asegurar la cercanía del león, no solo como compañero reproductivo, sino también como protector de la camada. Así, esta inclinación hacia la atrac-ción por hombres no fácilmente disponibles se revela como una manifestación biológica profundamente arraigada que busca, en última instancia, maximizar las oportunidades de supervivencia y reproducción. Este fenómeno, aunque relacionado con nuestros instintos más primitivos, puede arrojar luz sobre ciertos patrones de atracción que persisten en la complejidad de las relaciones humanas contemporáneas.

Pero, como es obvio, las mujeres no somos solamente biolo-gía; somos seres complejos y multifacéticos y, aunque los instintos ancestrales influyen en nosotras, también estamos profundamente moldeadas por nuestras experiencias, emociones y elecciones conscientes. En el contexto moderno, la atracción va más allá de la mera respuesta biológica. Las mujeres hemos desarrollado la capacidad de tomar decisiones informadas basadas en una amplia gama de factores, como la compatibilidad emocional, intelectual y ética. Aunque los impulsos biológicos pueden influir en nuestras percepciones y preferencias, no determinan por completo nuestras decisiones en materia de relaciones.

Además, es fundamental reconocer que las mujeres no estamos limitadas a seguir patrones preestablecidos; tenemos la capacidad de construir relaciones basadas en la reciprocidad, el respeto y la conexión emocional profunda. Nuestra capacidad de elección y autonomía va más allá de las dinámicas biológicas, y nos permite forjar relaciones que satisfacen no solo las necesidades evolutivas, sino también las aspiraciones individuales y las expectativas personales.

Así, aunque la biología puede ofrecer una perspectiva inicial, quiero que recuerdes de nuevo la teoría del amor de Sternberg. Según Sternberg, el amor no se reduce simplemente a la atracción física, sino que, como ya he explicado, es una amalgama compleja de tres componentes interrelacionados: intimidad, pasión y compromiso. ¿Por qué te refresco esta idea? Pues porque es crucial reconocer que la cultura popular, especialmente Hollywood, a menudo nos presenta ideas erróneas sobre el amor romántico (basado en la pasión y en nada más) que pueden influir significativamente en nuestras percepciones y expectativas. Las representaciones cinematográficas tienden a enfocarse en narrativas románticas idealizadas, en las que la atracción física y el deseo apasionado son el epicentro de la relación. Esta narrativa simplificada, y en muchos casos distorsionada, a menudo no refleja la complejidad real del amor y las relaciones. Por tanto, si combinamos la perspectiva biológica con estas ideas erróneas sobre el amor, se crea el cóctel perfecto para que las relaciones de pareja no funcionen. La presión de cumplir con estándares poco realistas, alimentada por representaciones mediáticas idealizadas, puede desviar nuestra atención de los componentes esenciales que Sternberg destaca en su teoría.

Desmontar estas creencias es vital para conseguir una relación sana, y la teoría de Sternberg, al integrar los elementos de intimidad, pasión y compromiso, ofrece una guía más completa y realista para entender el amor. Al cuestionar las expectativas poco realistas influenciadas por Hollywood y abrazar una visión más matizada del amor, podemos cultivar relaciones más genuinas y satisfactorias. Este proceso de deconstrucción y reconstrucción no solo desafía las ideas tradicionales, sino que también nos permite apreciar la autenticidad y la profundidad de las conexiones emocionales duraderas.

Así que, al deconstruir estas ideas preconcebidas sobre el amor y alinear nuestras expectativas con una comprensión más matizada, creamos un terreno fértil para relaciones más satisfactorias y duraderas. Por tanto, ahora que ya sabes cuál es el componente biológico y el componente cultural que te arrastra a tener ciertas relaciones de dependencia que no te satisfacen, es hora de que lleves a cabo conmigo, a través de estas páginas, un proceso de deconstrucción y reconstrucción de tu idea romántica para superar las limitaciones impuestas por la cultura actual y permitir que florezcan conexiones más auténticas y significativas.

Hombres alfa y hombres beta

Ya hemos hablado de la experiencia femenina, que es lo que podemos controlar, adaptar y mejorar siendo mujeres. Ahora es el momento de hablar de los dos tipos principales de hombres que nos encontraremos en la búsqueda del amor para saber a qué atenernos, qué aceptar y de qué huir.

Obviamente, partimos de la base de que estos dos tipos de hombre son una generalización, no todos los hombres son iguales y tampoco se pueden catalogar en dos tipos; pero creo que, de manera esquemática y hablando de patrones globales, será más sencillo que identifiques con qué tipo de hombre estás iniciando una relación.

Te presento al hombre alfa y al hombre beta:

- Un hombre alfa es guapo, atractivo, interesante, con un buen trabajo... pero emocionalmente no disponible. Y, por ende, en muchas ocasiones nos llama más la atención. Si es cien por cien alfa será complicado mantener una relación porque nunca tendrás ocasión de poder llevar el mando y eso puede ser frustrante.
- Un hombre beta está emocionalmente disponible, es sensible, se deja llevar y dirigir por su pareja, pero no nos atrae tanto. Como ya sabes, al no estar acostumbradas a ser merecedoras de amor estamos esperando un poco de drama y, el resultado de no tenerlo puede ser agotador y detonar una ruptura.

Como supondrás, es complicado que un hombre esté al cien por cien en uno de los dos tipos, y las energías propias del hombre alfa y del hombre beta tienden a equilibrarse, porque encajar por completo en uno de los perfiles no es fructífero para una relación. Cada hombre tiende más hacia un perfil u otro, pero siempre integrará un poco del contrario. También puede haber un equilibrio entre la energía del hombre y la de la mujer, y por eso se ha comprobado que los hombres más beta tienden a encajar mejor con mujeres alfa y que este tipo de relaciones son las que mejor funcionan. Y, querida, si has elegido leer este libro, sé que tú tienes mucho de mujer exitosa y de mujer alfa. El problema es que, como ya sabemos, la biología hace de las suyas y la mayoría de las veces nos sentimos atraídas por hombres alfa de forma inconsciente.

Sea cual sea tu caso, aquí te dejo algunos consejos para actuar de manera positiva en una relación con un hombre alfa o con un hombre beta.

Estoy en una relación con un hombre alfa

- Apoya su liderazgo: los hombres alfa a menudo tienen una personalidad dominante y les gusta tomar la iniciativa. Apóyalo en sus decisiones y proyectos reconociendo y valorando su liderazgo.

- Mantén tu independencia: aunque tu pareja sea dominante, es importante que mantengas tu independencia y autonomía. No dejes que su fuerte personalidad te haga sentir inferior o subordinada.

- Comunica tus necesidades: a pesar de su confianza y determinación, los hombres alfa pueden no ser conscientes de tus necesidades si no se las comunicas claramente. Exprésate de manera asertiva y habla abiertamente sobre lo que necesitas en la relación.

- Mantén el equilibrio: aunque estés en una relación con un hombre alfa, es importante mantener un equilibrio saludable de poder y tomar decisiones juntos. No permitas que su dominio se convierta en control excesivo o manipulación.

Estoy en una relación con un hombre beta

- Fomenta su confianza: los hombres beta pueden ser más reservados o menos seguros en su liderazgo. Promueve su confianza en sí mismo y apóyalo en sus metas y aspiraciones.

- Toma la iniciativa: si tu pareja es más pasiva o indecisa, toma la iniciativa en la relación en algunos aspectos. Esto puede ayudar a equilibrar las dinámicas y crear un sentido de colaboración.

- Valora su sensibilidad: los hombres beta suelen ser más sensibles y comprensivos. Valora su empatía y capacidad para escuchar y brindar apoyo emocional.

- Fomenta la comunicación abierta: anima a tu pareja a expresar sus pensamientos y sentimientos. La comunicación abierta y honesta es fundamental para construir una relación sólida, especialmente si tu pareja es más reservada.

- No lo subestimes: aunque tu pareja pueda ser más tranquila o menos dominante, no subestimes su capacidad o valía. Reconoce y valora sus habilidades únicas y contribuciones a la relación.

Recuerda que estas sugerencias son generales y que cada relación es única. Lo más importante es comunicarse abierta y honestamente, respetarse mutuamente y trabajar juntos para construir una relación saludable y satisfactoria, independientemente del tipo de personalidad de tu pareja

Los arquetipos y cómo nos afectan

Continuando con nuestro análisis, y respondiendo a la pregunta de «¿por qué no me atrae si es perfecto?». Al inicio del capítulo te he hablado de la ley del espejo y te he explicado que, a menudo, nos dirigen patrones de pensamiento subconscientes, ¿verdad? Pues bien, ha llegado el momento de adentrarnos en ese famoso subconsciente, pues otro aspecto que influye en la construcción de ideas erróneas sobre el amor procede de los arquetipos románticos presentes en la cultura. Un arquetipo es una idea que va pasando de generación en generación mediante el inconsciente colectivo (el inconsciente de toda la humanidad), y estos arquetipos nos ofrecen representaciones estereotipadas de cómo deberían ser las relaciones. Para poder seguir leyendo y que entiendas como afectan los arquetipos a las relaciones y cómo dan respuesta a por qué te atrae un perfil de hombre en concreto, te explico en qué consisten los arquetipos.

Un arquetipo es un concepto que se refiere a una imagen, símbolo, patrón o modelo universal que se encuentra en el inconsciente colectivo de la humanidad y se manifiesta en mitos, sueños, literatura, arte y comportamientos humanos. El término «arquetipo» fue popularizado por el psicólogo suizo Carl Gustav Jung, quien lo utilizó para describir los elementos primordiales del inconsciente colectivo.

Características de los arquetipos

- Universalidad: los arquetipos son comunes a todas las culturas y épocas. Representan experiencias humanas fundamentales y son reconocibles independientemente del contexto cultural o histórico.
- Inconsciente colectivo: según Jung, los arquetipos residen en el inconsciente colectivo, una capa profunda de la psique humana compartida por toda la humanidad. Esto los diferencia de los contenidos del inconsciente personal, que son únicos de cada individuo.
- Simbolismo: los arquetipos suelen expresarse a través de símbolos y metáforas en los mitos, cuentos de hadas, sueños y obras de arte. Estos símbolos tienen significados profundos y a menudo ambiguos.
- Modelos de comportamiento: los arquetipos también pueden ser patrones de comportamiento que influyen en la manera en que los individuos piensan, sienten y actúan. Ejercen como modelos que guían la conducta y la percepción.

Ejemplos de arquetipos comunes

- El héroe: representa la figura valiente que se enfrenta a grandes desafíos y lucha contra el mal para salvar a otros. Algunos ejemplos son Hércules, Superman y Frodo Bolsón.
- La sombra: representa los aspectos oscuros y reprimidos de la personalidad que el individuo no reconoce conscientemente. Es un símbolo del conflicto interno y la confrontación con uno mismo.

- El anciano sabio: es un mentor o guía que ofrece sabiduría y consejo. Dos ejemplos son Gandalf en *El Señor de los Anillos* y Yoda en *Star Wars*.
- La gran madre: simboliza la fertilidad, la creación y el cuidado, así como la destrucción y el poder devorador. Dos ejemplos son la Virgen María y la diosa Gaia.
- El trágico: representa la figura que experimenta un sufrimiento o tragedia que conduce a menudo a una lección moral o un sacrificio. Dos ejemplos son Edipo y Hamlet.

Importancia de los arquetipos

- Autoconocimiento: identificar y comprender los arquetipos en nuestras propias vidas y en la cultura puede llevar a un mayor autoconocimiento y desarrollo personal.
- Cultura y mitos: los arquetipos nos ayudan a entender y apreciar la riqueza de los mitos, leyendas y literatura de diversas culturas.
- Psicoterapia: en el ámbito de la psicoterapia, especialmente en la psicología analítica de Jung, los arquetipos son herramientas para explorar el inconsciente y facilitar la integración de la psique.

En resumen, los arquetipos son patrones universales y atemporales que residen en el inconsciente colectivo y que se manifiestan de diversas formas en la experiencia humana, lo que nos ofrece un puente entre el individuo y la humanidad en su conjunto.

Entonces, sigamos con la pregunta de por qué te atrae un perfil determinado de hombre, que a menudo no está disponible emocionalmente, y por qué no te atrae un hombre que puede ser perfecto para ti; tal y como ya hemos anticipado, los arquetipos románticos, sobre todo los de Hollywood, se traducen a menudo en narrativas simplificadas donde los personajes se enmarcan en categorías predefinidas: el héroe apasionado, la

damisela en apuros o la pareja destinada a serlo. Estos estereotipos pueden generar expectativas poco realistas sobre el amor
y la vida en pareja, y, al combinar estos arquetipos con la perspectiva biológica y las ideas distorsionadas procedentes de los
medios, el resultado es una imagen desvirtuada del amor. Por
ejemplo, la expectativa de que el «amor verdadero» debe ser
instantáneo y apasionado puede alejarnos de comprender la
construcción gradual y la complejidad de las relaciones reales.

Por eso, desafiar y desmontar estos arquetipos es esencial para
liberarnos de las limitaciones que imponen en nuestras percepciones del amor. Al abrazar una perspectiva más realista y matizada
nos permitimos explorar la diversidad de experiencias amorosas
que pueden surgir, lejos de las restricciones impuestas por narrativas románticas estereotipadas.

Tomemos un modelo de arquetipo conocido: la madre. En la
idea de madre que tenemos en la cabeza reconocemos rasgos
como el cariño, el amor o la protección. Pues lo mismo pasa con
otros arquetipos como el de reina, la doncella en apuros, la prostituta, la víctima o la guerrera. Estas ideas equivocadas que tenemos en nuestro inconsciente son, en gran parte, las culpables de
que entendamos el amor romántico de forma desacertada, por
eso debemos desterrarlas.

Hemos visto unos cuantos arquetipos genéricos, pero ahora
me encantaría explorar los principales arquetipos femeninos para
darnos cuenta de cómo influyen en la forma en la que nos relacionamos. Estos arquetipos femeninos conforman un peligroso
juego de roles que, a veces, ni siquiera elegimos conscientemente, pero que puede tener un gran impacto en nuestras vidas amorosas. Echemos un vistazo a cada uno de ellos:

- La reina: representa el poder, la autoridad y la confianza
  en una misma. Cuando una mujer adopta el papel de
  reina puede tender a buscar el control en sus relaciones
  y, aunque esto puede traducirse en liderazgo y toma de

decisiones, también puede convertirse en resistencia a la vulnerabilidad y a compartir el poder en la pareja. Cuando canalizamos a la reina, a veces queremos controlarlo todo en la relación porque somos unas líderes natas, pero, cuidado, a veces eso significa que nos resistimos a mostrar vulnerabilidad, y el amor necesita de nuestra parte más vulnerable.

- La prostituta: nada que ver con la profesión, más bien alude a la seducción y el juego sexual. Si te identificas con este arquetipo puedes sentir la presión constante de tener que ser increíblemente atractiva y buscar validación a través de tu físico, por lo que te verás cediendo tu tiempo y tus límites sin tener en cuenta tu bienestar emocional. Un poco agotador, ¿no?

- La víctima: de circunstancias pasadas o de la relación actual, puede reflejar una tendencia a ceder el control y buscar constantemente protección y cuidado. Esto puede crear dinámicas de relación desequilibradas que surgen cuando nos sentimos atrapadas en situaciones difíciles o relaciones complicadas. A veces buscamos protección y cuidado, pero caer en el papel de la víctima puede desequilibrar la relación.

- La guerrera: fuerte, independiente y resistente. Pero ojo, ser tan autosuficientes puede hacer que nos cueste mostrar nuestra vulnerabilidad. Es bueno enfrentarse a los desafíos con valentía, pero no hay que olvidar que pedir ayuda también está bien.

- La doncella: ¿recuerdas a la doncella en apuros de los cuentos de hadas? Este arquetipo abraza la inocencia, la pureza y la dependencia. En ocasiones buscamos protección y cuidado, pero esto puede complicarnos la toma de decisiones independientes. Una mujer que adopta este papel busca la protección y el cuidado de su pareja, y esto puede chocar con su autonomía.

Estas descripciones son papeles que a veces interpretamos sin darnos cuenta. Pero aquí está la magia: al reconocer estos roles, podemos liberarnos de las restricciones que imponen en nuestras relaciones. Para construir con conciencia relaciones más auténticas y equitativas será necesario que seas consciente de estar performando uno de estos roles y que dejes de hacerlo al cien por cien. Al final, todas somos una mezcla de muchos papeles, pero encasillarte en un arquetipo rígido hará que la relación tenga carencias y fracase.

Los arquetipos como la reina, la prostituta, la víctima, la guerrera y la doncella son roles que pueden influir en cómo nos relacionamos y nos percibimos. Reconocer cuándo estamos actuando como uno de estos arquetipos es el primer paso para liberarnos de sus limitaciones.

Para evitar caer en arquetipos, necesitamos una profunda autoconciencia. Esto implica examinar nuestras motivaciones, emociones y comportamientos para identificar patrones repetitivos. ¿Nos vemos como la víctima en ciertas situaciones? ¿Buscamos constantemente ser la reina del control en nuestras relaciones?

Una vez que identificamos los arquetipos que nos afectan, podemos comenzar a desafiarlos. Esto implica cuestionar nuestras creencias subyacentes y explorar nuevas formas de relacionarnos con nosotras y con los demás. Por ejemplo, si nos encontramos adoptando el papel de la guerrera y siendo demasiado autosuficientes, podríamos practicar pedir ayuda cuando la necesitamos y permitirnos mostrar vulnerabilidad.

Es importante recordar que no todas nos comportamos como arquetipos todo el tiempo. Somos seres complejos y multifacéticos, capaces de adaptarnos y cambiar nuestros roles según las circunstancias. Sin embargo, los arquetipos pueden influir en nuestras acciones y decisiones más de lo que percibimos, por lo que es crucial estar atentas a su presencia en nuestras vidas.

Ahora, ¿cómo podemos eliminar estos arquetipos limitantes? Vamos a recuperar nuestro diario y a hacer algunos ejercicios que pueden ayudar.

Ejercicio: liberación de arquetipos limitantes

1. Visualización creativa: dedica tiempo cada día a visualizarte liberándote de los arquetipos que te limitan. Imagina cómo sería tu vida si pudieras actuar con autenticidad y plenitud.

Instrucción: siéntate en un lugar tranquilo y cómodo. Cierra los ojos y respira profundamente varias veces. Imagina que estás mirando la visualización que has proporcionado. Observa cada detalle y deja que tu mente se relaje.

Preguntas:

- ¿Qué emociones surgen al mirar esa visualización? ¿Por qué crees que te sientes así?
- Imagina que la visualización representa el arquetipo que te limita. ¿Qué aspectos concretos de ese arquetipo te sientes lista para liberar?
- Visualiza cómo sería tu vida sin este arquetipo limitante. ¿Qué cambios positivos notas en tu comportamiento y en tus relaciones?

2. Práctica de la empatía: practica ponerte en el lugar de los demás y entender sus puntos de vista y experiencias. Esto puede ayudarte a desafiar tus propios prejuicios y creencias arraigadas en los arquetipos.

Instrucción: piensa en una persona con la que interactúes frecuentemente y que también podría estar influida por arquetipos limitantes.

Preguntas:

- ¿Qué arquetipos limitantes crees que podrían estar afectando a esta persona?
- ¿Cómo podrías practicar la empatía para entender mejor sus experiencias y puntos de vista?
- Reflexiona sobre algún momento en el que juzgaras a alguien rápidamente. ¿Cómo podrías reinterpretar esa situación desde una perspectiva empática?

3. Apoyo de la comunidad: busca la ayuda de amigos, familiares o grupos de apoyo que puedan ayudarte en tu viaje de autodescubrimiento y crecimiento personal. Compartir tus experiencias con otros puede proporcionarte nuevas perspectivas y motivarte a seguir adelante.

Instrucción: reflexiona sobre tu red de apoyo actual, que incluye amigos, familiares y grupos de apoyo.

Preguntas:

- ¿Quién te proporciona el mayor apoyo emocional en tu vida y por qué?
- ¿Cómo podrías comunicar tus necesidades de apoyo a estas personas de manera eficaz?
- Piensa en una comunidad o grupo al que te gustaría unirte. ¿Cómo crees que esta comunidad podría ayudarte en tu viaje de autodescubrimiento y crecimiento personal?

4. Terapia o asesoramiento: valora buscar la ayuda de un terapeuta que te ayude a explorar tus patrones de comportamiento y trabajar en la superación de los arquetipos que te limitan. Ya sabes que yo estoy aquí para ti, y podemos trabajar con el Método Ahora Yo (al

final del libro tienes mi contacto). Un profesional puede proporcionarte herramientas y estrategias concretas para enfrentarte a estos desafíos de manera eficaz.

Instrucción: valora los beneficios de buscar apoyo profesional para trabajar en los arquetipos que te limitan.

Preguntas:
- ¿Qué tipo de terapeuta crees que podría ayudarte mejor con tus desafíos actuales?
- ¿Qué esperas de la terapia o asesoramiento?
- Si ya estás en terapia, ¿qué temas relacionados con los arquetipos limitantes podrías explorar más a fondo con tu terapeuta?

Reflexión final
Instrucción: vuelve a mirar la imagen y revisa tus respuestas.

Preguntas:
- ¿Cómo ha cambiado tu percepción de la imagen después de hacer estos ejercicios?
- ¿Qué acciones concretas puedes tomar en los próximos días para seguir trabajando en la liberación de tus arquetipos limitantes?

_____

_____

_____

Este ejercicio te permitirá explorar y desafiar los arquetipos limitantes desde diferentes perspectivas, utilizando tanto herramientas introspectivas como el apoyo de tu entorno y profesionales.

Herramientas esenciales para un amor que funcione

Ahora que ya conoces los principales arquetipos en los que, como mujeres, tendemos a caer en nuestras relaciones, es hora de construir otras más auténticas tratando de mantenerlos a raya.

A continuación, te propongo varias herramientas básicas que complementan los ejercicios anteriores y que te ayudarán a deshacerte de patrones limitantes y a construir relaciones más genuinas que prosperen. Ponlas en práctica en tu relación vigente o para buscar el amor en nuevas relaciones, y cambia tu manera de vincularte con los hombres. ¡Ojalá te sean de gran ayuda y encuentres el amor que mereces!

- Encuentra tu equilibrio real.
  Reflexiona sobre momentos de tu vida en los que te hayas sentido más poderosa, seductora, vulnerable, fuerte e independiente. Observa patrones y pregúntate cómo equilibrar estos aspectos en diferentes áreas de tu vida, incluidas tus relaciones.
- Explora tus fortalezas y desafíos.
  Coge papel y bolígrafo y haz una lista de las fortalezas y desafíos asociados con cada arquetipo; esta lista te ayudará a identificar en qué arquetipo sueles encuadrarte y, para saberlo, será necesario que respondas a preguntas como: «¿En qué arquetipo me siento más cómoda?», «¿Cuál me supone un mayor desafío?». Esta autoevaluación te ayudará a entender qué aspectos quieres potenciar y cuáles deseas equilibrar.
- Di adiós a los roles limitantes.
  Crea una ceremonia simbólica donde dejes ir conscientemente los roles que sientes que te limitan en tus relaciones. Por ejemplo, puedes escribirlos en un papel y luego quemarlo, para simbolizar la liberación de esas restricciones.

- Practica la comunicación auténtica.
  Comparte tus pensamientos y sentimientos de manera abierta y honesta con tu pareja o con tus amigas cercanas. No temas mostrar tu vulnerabilidad y permite que otros también lo hagan. La comunicación auténtica refuerza los lazos emocionales.
- Construye tu propia narrativa.
  Escribe tu propia historia de amor alejándote de los clichés y expectativas externas. ¿Cómo serías si fueras la heroína de tu propia historia? Define tus propios valores y deseos en una relación.
- Redefine la seducción.
  Explora y redefine qué significa para ti ser seductora. ¿Cómo puedes expresar tu sexualidad de una manera auténtica y cómoda? Esto implica reconocer que la seducción no debe ser solo para el disfrute del otro, sino también para el propio placer.

Cómo parar una relación antes de que sea demasiado tarde

Es hora de conectar los ejercicios anteriores con la gran pregunta: ¿cuándo cortar por lo sano una relación? La realidad es que, para saber la respuesta, todo empieza por conocerte bien. Solo cuando te des cuenta de tus patrones y roles tendrás una gran ventaja a la hora de evaluar si estás en una relación que suma a tu vida o si te estás enredando en algo que solo te quita energía.

Sobre cuándo parar una relación, la clave está en escuchar a tu instinto y preguntarte si esa conexión te está haciendo crecer de verdad o si te está metiendo en problemas. Combina esa autoconciencia con la habilidad de reconocer si la relación está sumando o restando a tu felicidad. Al hacer esto, podrás tomar decisiones conscientes sobre tu vida amorosa, evitando llegar a un punto sin retorno en el que ya no sepas cómo romper la relación

y dándote la oportunidad de vivir relaciones auténticas y equilibradas. La clave está en conocerte y tomar decisiones desde ahí,
y, para ello, lo primero será que recuerdes que debes estar en paz
contigo misma; cuando no sea así, es que no estás con la persona
adecuada para ti. Por lo tanto, si a nivel físico te genera malestar,
no te fuerces a seguir adelante apoyándote en vagas justificaciones, porque el cuerpo es sabio y te avisa de que ese no es tu lugar.

Algunas de las justificaciones que se suelen utilizar cuando no
estamos en calma en nuestra relación y no somos capaces de cortarla se parecen a: «Las mujeres somos muy exigentes», «Las mujeres ponemos demasiadas pegas a todo», «A las mujeres nos
cuesta conformarnos»… Estas excusas no ayudan para nada a
deshacer el bucle en el que te ves metida. Por eso es vital comenzar a masticar y gestionar la idea de que hasta ahora te has relacionado de forma equivocada. Cuando empiezas a hacer ajustes
en todos los ámbitos de tu vida, se abre de forma natural una
ventana que te permite ver que la responsabilidad de que no encuentres hombres comprometidos no la tienen ellos, sino tú (recuerda la ley del espejo). Y esto, lejos de hacerte sentir culpable,
ha de darte paz, pues, si tú eres responsable, eso significa que
puedes transformar tu realidad.

Por consiguiente, si has analizado tus emociones y te encuentras en calma, es el momento de seguir explorando la relación; puede que en el siguiente paso descubras que no te hace
vibrar o no te ilusiona, y ese sí que sería el momento de frenar.
Si no te encuentras en calma o no te ilusiona: no sigas adelante
porque, por mucho que sea el hombre adecuado, si no enciende
algo dentro de ti es como si no lo fuera. Si esto pasase, no te
sientas defraudada, simplemente pasa página, sigue mantenien-
do esperanza en encontrar el amor y evita volver a relacionarte
con hombres similares para que no vuelva a sucederte.

En este embrollo de relaciones, hallar el equilibrio puede ser
todo un desafío y no siempre es sencillo prosperar en la relación
y tampoco cortarla. Así que, si te topas con desilusiones amorosas

de cualquier tipo, no te sientas mal. La idea de cambiar el chip y buscar a alguien completamente distinto puede resultar tentadora, pero la verdad es que los extremos son raros de encontrar, ya sea para bien o para mal. La magia está en no ir de un extremo a otro, sino en buscar ese espacio intermedio donde las cosas se vuelven interesantes y reales. Y, para conocer esos espacios, contamos con las experiencias reales de mujeres de carne y hueso, de las que podremos aprender y que funcionarán para nosotras como un espejo. Sumergirnos en historias auténticas nos da una perspectiva valiosa sobre cómo lidiar con el embrollo del amor y nos ayuda a buscar ese punto medio que todos ansiamos, así que ¡allá vamos!

Algunas historias reales

Como ya sabes, utilizando el Método Ahora Yo, tratamos a mujeres que se encuentran en una situación muy similar a la tuya y a las que les han surgido, seguramente, las mismas preguntas que a ti. Por eso quisiera aprovechar este espacio para darte a conocer las dudas de algunas mujeres exitosas que, como tú, están trabajando para encontrar un amor sano en el que quedarse a vivir.

Eli

Llevo tres meses conociendo a un hombre con el que quedo en fines de semana alternos. Aunque lo veo poco, hablo con él todos los días, pero de repente los mensajes empiezan a disminuir porque su trabajo es muy estresante. En consecuencia, deja de prestarme tanta atención. Sin embargo, cuando estamos juntos todo es maravilloso y hasta existen planes de futuro a corto plazo (excursiones, actividades...). Pero cuando sale el tema de comprometernos a largo plazo, se agobia. Empiezo a ver que no tengo toda la atención que le pido, y eso me provoca ansiedad y me pregunto si estoy haciendo algo mal para que ya no me llame tanto como antes. Además, su miedo a comprometerse en ámbitos más vitales me descoloca. ¿Qué puedo hacer?.

Cuando estás con un chico que te gusta y que te da lo que buscas, aunque no en la medida que querrías, te conformas. Porque, aunque sea poco, es algo. El problema es que te estás justificando con argumentos como «tiene poco tiempo libre», «viaja mucho por trabajo» o «está estresado» para no asumir que te estás conformando con las migajas que te da. Tú quieres algo más por su parte y él no está dispuesto a dártelo en este momento. Por lo tanto, el siguiente paso será hablar con él y exponerle la situación: quieres algo más comprometido, que no tiene por qué ser casarse ni tener hijos, sino sentirte una prioridad para él. Si después de esa conversación él no cambia, no dilates más en el tiempo algo que ya está completamente exprimido.

Es complicado dar este paso, pero, cuando lo haces, se abren las verdaderas puertas del amor. Hasta ahora has estado operando bajo el arquetipo de la prostituta (no tener en cuenta tus necesidades emocionales) y tienes que hacerlo desde el de la reina.

No te sientas mal si él no se compromete contigo, porque tu valía no se mide por eso. Quizá después de este episodio tengas que pasar una larga temporada sin pareja para terminar cogiéndole el gusto a la soledad, y cuando llegue ese momento te asustarás, porque verás que estás tan cómoda que no necesitas a nadie más. Pero es que, paradójicamente, en este punto será en el que más oportunidades de conocer a la persona adecuada tengas.

Marta

Me cuesta mucho poner límites cuando conozco a alguien nuevo porque, precisamente, me lanzo a relaciones que no me convienen por no encontrarme bien como para atraer algo mejor y más duradero.

La vida siempre nos pide una acción inspirada antes de darnos motivación. La acción inspirada es la que surge de una profunda conexión con nuestra pasión, propósito o valores más profundos. Se caracteriza por estar impulsada por una motivación interna, en lugar de ser simplemente una respuesta a estímulos externos o presiones sociales. Cuando actuamos con inspiración, sentimos una sensación de fluidez, significado y plenitud en nuestras acciones.

Esta forma de actuar puede manifestarse de diversas maneras, ya sea en el ámbito creativo, profesional, personal o social. Por ejemplo, alguien podría sentir una inspiración repentina para escribir una canción, iniciar un proyecto de voluntariado o defender una causa en la que cree fervientemente. Lo importante es que la acción inspirada surge de un lugar auténtico de nuestro interior y nos impulsa a expresar nuestra verdadera esencia y contribuir positivamente al mundo que nos rodea.

La acción inspirada puede ser un poderoso motor de cambio y crecimiento personal. Cuando nos permitimos actuar con autenticidad y pasión, podemos alcanzar niveles más profundos de realización y satisfacción en nuestras vidas. Además, nuestras acciones inspiradas tienen el potencial de inspirar a otros y generar un impacto positivo en la comunidad y en el mundo en general.

En resumen, la acción inspirada es la que surge de nuestra conexión con nuestra esencia más profunda, nos impulsa a expresarnos auténticamente y a contribuir de manera significativa al mundo que nos rodea. Es un recordatorio de la importancia de cultivar nuestra pasión, propósito y valores en todo lo que hacemos.

Así que lo principal es actuar y saber decir que no cuando queramos poner límites, aunque hacerlo nos provoque ansiedad.

Esta forma de actuar en la que no ponemos límites estaría ligada al arquetipo de la guerrera, ya que la decisión que se toma es la de luchar contra nosotras mismas en vez de afincarnos en el arquetipo de la víctima. No plantarse y decidir utilizar esta situación como trampolín para salir del bucle de relaciones fallidas solo lo perpetúa. Para que eso no suceda, debes evaluar estos cuatro puntos:

- Recuerda que **la sociedad ha marcado cómo debe ser una relación romántica** y que vienes con esa idea instaurada en la mente.
- Date cuenta de que **tu cerebro quiere evitar que salgas de la zona de confort,** que en este caso es el bucle de relaciones fallidas, por lo que hará todo lo posible para que te mantengas ahí.
- Sé consciente de que **hay que elegir qué ansiedad padecer**: la de estar con alguien que no se encuentra emocionalmente disponible o la que supone luchar contra tus creencias, pero te mantiene en el camino correcto.
- **Primero acción, luego motivación**: cuando digas que no y fijes los límites te vas a sentir mal, pero hay que confiar en que estos pasos marcarán la fuerza de la que dispondrás para sacar valor en futuras ocasiones.

Carla

Tengo una relación en la que convergen todos los puntos de las relaciones que comenta Sternberg, pero de vez en cuando no me siento del todo en paz. ¿Puede ser por culpa de mi niña herida?

El miedo a que te hieran, a que él desaparezca de repente o a que te dejen de querer puede perturbar tu tranquilidad y aparecer en varias ocasiones durante la relación. Es normal que suceda porque estás en un proceso de conocimiento que lleva su tiempo. Esos miedos irán desapareciendo a medida que avance la relación. Los miedos inherentes a las relaciones, como el temor a ser herido, a la pérdida repentina o al cambio en los sentimientos del otro, son comunes y comprensibles en el proceso de conocer a alguien. Sin embargo, para que estos miedos disminuyan con el tiempo, es fundamental tomar acciones concretas. Esto implica una comunicación abierta y honesta con tu pareja sobre tus inquietudes y necesidades, así como trabajar en el desarrollo de la confianza mutua. Además, cultivar una sólida autoestima y autonomía emocional te ayudará a afrontar los desafíos de la relación con mayor seguridad y tranquilidad. Recuerda que el crecimiento personal y la construcción de una relación saludable requieren esfuerzo continuo y compromiso por parte de ambas partes.

Alexandra

¿Qué pasa si mi zona de confort es estar sola y ser feliz así, a pesar de querer tener una relación?

La soledad es una etapa que necesitas explorar. Cuando hablamos de «estar sola» nos referimos a no relacionarnos con un hombre de ninguna manera (ni sexual, ni amorosa, ni teniendo citas esporádicas). Tiene que pasar un tiempo para que puedas investigar en soledad sin necesidad de gustar a los demás ni de moverte para encontrar relaciones. De todas formas, puede que ya hayas superado la fase de descubrimiento y estés lista y abierta al amor verdadero y que aun así no llegue. Es completamente normal y no hay que angustiarse por ello, el hombre adecuado aparecerá.

Es fundamental reconocer que la soledad no siempre implica un vacío emocional o una carencia de conexiones significativas. Al contrario, puede ser un espacio de crecimiento personal, autodescubrimiento y fortalecimiento interior. Algunas mujeres pueden encontrar en la soledad una oportunidad para cultivar una relación más profunda consigo mismas, para explorar sus pasiones y sueños sin las distracciones del mundo exterior. Esta elección consciente de la soledad no es necesariamente un signo de debilidad o de falta de opciones, sino más bien un acto de autonomía y autoafirmación.

Es importante reconocer que la soledad no siempre debe ser temida o evitada, sino que puede ser abrazada como una elección legítima y empoderadora. Cada mujer tiene derecho a definir su propio camino hacia la felicidad y la realización, ya sea a través de relaciones profundas y significativas o mediante un período de autoexploración solitaria. En última instancia, lo que importa es que cada una pueda encontrar el equilibrio que le brinde satisfacción y plenitud en su vida.

Si, en tu caso, estás pasando una etapa de soledad, pero todavía deseas tener pareja, te aconsejo que dejes espacio para que él aparezca cuando sea el momento de hacerlo. Durante este periodo es muy recomendable hacer meditaciones y ejercicios de visualización que te ayuden a sentirte a gusto en esa espera. Te propongo este ejercicio de meditación para que lo pongas en práctica:

Busca un lugar tranquilo y pon un vídeo de música a 432 Hz. Siéntate de forma cómoda y haz el siguiente ciclo de respiraciones:

- Dirige tu foco al esternón e inhala por la nariz durante cuatro tiempos.
- Mantén el aire dentro otros cuatro tiempos.
- Expúlsalo por la boca en cuatro tiempos más.
- Repite dos veces este proceso.

Puedes hacer esta técnica en cualquier lugar, con o sin música, ya que el simple hecho de hacerla ayuda a descargar y a equilibrar el sistema nervioso central.

Alba

Siento que el chico que estoy conociendo podría ser el hombre de mi vida, aunque veo que no está en un buen momento para serlo, ya que ahora mismo está demasiado ocupado y no se enfoca en otra cosa que no sea su trabajo y su familia. Parece que yo no existo y que no hay espacio para mí como pareja, así que he hablado con él y le he propuesto que seamos solo amigos. ¿He hecho lo correcto?

Te puedes sorprender con las cosas que suceden cuando le das a la vida los tiempos que necesita. Está claro que ahora no es el momento adecuado para que esa relación sea fructífera, pero quién sabe por qué derroteros irán vuestras vidas. Es posible que os volváis a encontrar más adelante y que ambos estéis en el punto correcto. Incluso, a veces, se fracasa en una relación y años después de haberla dejado atrás reaparece y es exitosa. Tienes que estar dispuesta a dejar que todo fluya y pensar que si esa persona está para ti, así será. Y si no, se apartará.

Yola

Conocí a un chico mediante una aplicación de citas y decidí convertirlo en mi amigo con derecho a roce durante una etapa de soledad. Un tiempo después, me fui de viaje yo sola y ahí, alejada de todo, caí en la cuenta de que me encontraba mucho más tranquila conmigo misma que con la relación que manteníamos. Estaba estresada, no tenía

ganas de verlo y el cuerpo me daba señales de que aque-
llo no fluía como debía. Me apetecía otro tipo de intimi-
dad, y aunque desde el principio supe que con él la cosa
no iba a ir a más, me permití la libertad de experimentar.
¿Me he precipitado cortando con él?

Es importante dejar espacio para ver si las emociones que brotan en ti han surgido por miedos o no. Si un tiempo después sigues sintiéndote así, deberías cortar por lo sano. Esta es la forma de evitar entrar o mantener relaciones fallidas. Después, seguramente sientas tristeza y dudes de si has obrado como debías, porque el final de todo proceso trae consigo una explosión de sentimientos, pero ten por seguro que serán menos dolorosos que los que sufrirías si te sintieras utilizada o arrastrada al haber prolongado algo ya condenado.

¿Te has visto reflejada en las historias de estas mujeres? Seguro que en ti hay mucho de ellas, así que, de nuevo, me alegra que no te sientas sola en esto porque no lo estás. Espero que sus historias reales te hayan servido de espejo, que veas que todas tenemos dudas y cometemos errores en el amor y que sepas mirarte de una manera más amable a partir de ahora.

6. El teatro del amor

¿Lista para sumergirnos en el sexto capítulo? Estamos a punto de explorar algo profundo y transformador inspiradas por la idea de Einstein de que «no se puede solucionar un problema desde el mismo nivel de conciencia en el que se ha creado».

A medida que avancemos juntas en la lectura vas a ir entendiendo y conociendo partes de ti cada vez más profundas y transformadoras. Y, precisamente, este es uno de los capítulos donde vamos a seguir adentrándonos en conceptos que elevarán tu nivel de conciencia y entendimiento. A veces, nos encontramos atrapadas en patrones que parecen no tener fin, pero a lo largo de este capítulo descubriremos que elevar nuestra conciencia puede ser la llave maestra para salir del enredo emocional. En estas páginas trataremos de buscar cuál es nuestro papel real dentro del amor para encontrar un rol no autoimpuesto que nos permita amar con conciencia, libertad y sin máscaras, y hablaremos sobre conciencia elevada, introspección real y autenticidad. También exploraremos de forma práctica mediante ejercicios sencillos cómo cambiar la forma en la que vemos y vivimos el amor, como truco para superar los obstáculos y construir relaciones que realmente valgan la pena.

Las máscaras

Es completamente comprensible que todavía sigas pensando que el desafío de relacionarte de manera saludable con los hombres no tiene que ver con un problema interno tuyo. Después de todo, ¿no te desenvuelves con éxito en otras áreas de tu vida, ya sea con amigos, familiares o en el trabajo? Parece que todo marcha sobre ruedas cuando eres simplemente tú, una mujer exitosa y empoderada. Sin embargo, aquí es donde la trama se complica un poco: en el teatro de las relaciones amorosas, a menudo sale a escena una versión diferente de ti, y puede que esa subpersonalidad, esa máscara que de alguna manera se activa en el terreno romántico, sea la que no sepa relacionarse de manera positiva con los hombres. Cuando se trata de amor, en ocasiones, las reglas del juego cambian y te ves obligada a lidiar con una versión de ti misma que tal vez no entiendas del todo.

¿Por qué sucede esto? Como ya sabemos, las relaciones están llenas de capas y complejidades. No sois solo tú y el otro, sino una interacción compleja de experiencias pasadas, expectativas y, sí, esas máscaras que a veces ni siquiera sabemos que llevamos puestas. Entender cómo estas subpersonalidades entran en juego en el romance forma parte de descifrar el misterio y contribuye a dar un giro más auténtico a nuestras conexiones. Pensar en el amor como en un juego de roles o en una obra de teatro te ayudará como ejercicio a comprender de qué te hablo. ¿Estás lista para explorar las distintas máscaras que componen tu historia amorosa?

Puede que te estés haciendo la siguiente pregunta: ¿qué es una máscara? Una máscara es una careta que nos ponemos porque nos han herido en el pasado. El ego sale a relucir y nos empezamos a relacionar desde su herida. Tras esta máscara nos sentimos más cómodas porque creemos que así los demás no podrán saber cómo somos en realidad, cuáles son nuestros miedos y complejos, y así les resultará imposible atacar nuestra vulnerabilidad y hacernos daño. Piensa, por ejemplo, en cuando te gusta un hombre y te sientes insegura, ¿qué haces para evitar que lo note y te hiera? Puede que te pongas la máscara de la mujer segura que viene de vuelta y sabe mucho del amor, o que, por el contrario, juegues la carta de la víctima y te pongas la máscara de la persona herida para mostrar de antemano tus carencias y evitar que el otro las ataque porque empatiza contigo directamente. Puede también que ante una discusión o una ruptura te pongas la máscara de dura para no mostrar tus verdaderos sentimientos y no dejar ver al otro tu vulnerabilidad. ¿Te ves reflejada en alguno de estos casos? Seguro que sí, ya que ponerse una máscara es un mecanismo de defensa que todas utilizamos en determinadas situaciones que nos generan angustia, miedo o incertidumbre. El problema es que estas máscaras no dejan que el otro vea cómo somos realmente y conozca nuestro carácter genuino y nuestras cualidades únicas. Es decir: tu máscara no eres tú y tú eres mucho más valiosa sin ella. Por este motivo, en este apartado te enseñaré cuáles son las principales máscaras que nos ponemos las mujeres en el «teatro del amor», para que puedas determinar cuáles sueles usar y aprendas así a hacer las cosas siendo tú misma sin ocultarte, ya que solo así conseguirás deshacerte de las máscaras innecesarias y brillar por lo que realmente eres.

A continuación, te dejo los principales tipos de máscaras que ocultan tu verdadero ser bajo inseguridades, miedos y culpas:

- Complaciente: te olvidas de pensar en ti y vives por y para ayudar a los demás. Satisfacer a la gente que te rodea es tu objetivo y lo haces, aunque esas personas terminen por drenar tu energía.
- Víctima: sientes que no controlas absolutamente nada en tu vida y que no tienes ningún poder sobre los demás. Muestras demasiada inseguridad y atraes a personas que se aprovechan de tu vulnerabilidad.
- Triunfadora: te centras en el éxito que obtienes de tu trabajo y vives con grandes niveles de perfeccionismo. Basas tu valía en las cosas que haces y no en lo que eres, por lo que obnubilas a los hombres con tus logros, pero, cuando te muestras como realmente eres, sientes que desaparecen.

- Dura: por fuera pareces fría e intentas dejar de lado tus sentimientos lo máximo posible. Te refugias en ti misma y te proteges de los demás para evitar que te dañen. Repudias a los hombres que atraes bajo tu coraza y piensas que los demás solo quieren hacerte daño.
- Seductora: eres una mujer atractiva que sabe utilizar muy bien sus armas y no consigues que los hombres vean más allá de tu cara y tu cuerpo.
- Superpositiva: siempre tienes una palabra de aliento y evitas todo tipo de negatividad. Los hombres que se interesan por ti encuentran un gran apoyo en tu persona, pero cuando eres tú la que necesita ayuda ellos no están dispuestos a dártela.

En última instancia, el análisis de los diferentes tipos de máscaras que podemos utilizar en nuestras relaciones amorosas revela la complejidad y la diversidad de las experiencias humanas. Desde la máscara de la «mujer fuerte e independiente» hasta la máscara de la «mujer vulnerable y necesitada», cada una refleja no solo las expectativas sociales y culturales, sino también las experiencias personales y las necesidades emocionales. Estas máscaras pueden ser tanto una forma de protección como una limitación, ya que pueden ocultar aspectos genuinos de la personalidad y dificultar la conexión auténtica con los demás. Reconocer y comprender estas máscaras es el primer paso hacia relaciones más auténticas y significativas, donde podemos aprender a relacionarnos con honestidad y vulnerabilidad. Al despojarnos de las máscaras, podemos encontrar la libertad para amar y ser amadas en toda nuestra complejidad y autenticidad.

Ya conoces los principales tipos de máscaras que de forma inconsciente solemos ponernos en el amor, así que te resultará más sencillo determinar la tuya y pasar al siguiente apartado, en el que te enseñaré a ver a la persona que está detrás de la máscara, que eres tú misma, tu verdadera tú, y a mostrarla sin miedo.

Sin máscaras: descubre tu verdadero ser en el amor

Hay algo que debemos entender de una vez por todas en el emocionante camino hacia relaciones más reales: las máscaras que llevamos no son solo disfraces sin importancia, sino caretas que nos ponemos como escudo para intentar protegernos de golpes anteriores. Nos las ponemos porque, cuando nos relacionamos desde nuestras heridas, dejamos que nuestro ego tome el mando y creamos enredos complejos que nos alejan de la esencia pura de lo que podrían ser nuestras conexiones más auténticas. Para quitarnos estas máscaras y lograr conexiones reales debemos atender a la verdadera transformación, que ocurre cuando subimos el listón y aprendemos a actuar desde lo más profundo de nuestro ser. Es en ese momento cuando los cambios aparecen de verdad y romper con las máscaras se convierte en la jugada maestra.

Existe, como ya hemos visto, todo un repertorio de máscaras que esconden nuestro verdadero yo bajo capas de inseguridades, miedos y culpas, y cada una de ellas tiene su propia historia y su origen en esas cicatrices de nuestro pasado. Puede que te pongas la máscara de la dura porque te han roto el corazón y no quieres que vuelva a pasar, por ejemplo. Identificar y quitarnos esas máscaras es como despojarnos de capas que ya no necesitamos. Nos libera, nos lleva de vuelta a la vulnerabilidad y nos permite conectar desde el lugar más genuino de nuestro ser.

A través de varios ejercicios que te propongo a continuación, exploraremos cómo afectan estas máscaras a nuestras relaciones y, lo más emocionante, cómo podemos liberarnos de su agarre sutil, pero limitante. ¿Estás lista para dar el paso hacia relaciones más reales?

Prácticas para quitarse la máscara: descubre tu verdadero ser en el amor

- Reflejo complaciente: una reflexión profunda. Tómate un tiempo para evaluar las situaciones en las que sacrificas tus necesidades para complacer a los demás. Haz una lista de actividades o decisiones que hayas tomado solo para agradar a quienes te rodean. A continuación, piensa en cómo podrías equilibrar esas acciones para satisfacer también tus propias aspiraciones y deseos.

  Ejemplo: María siempre cede ante las decisiones de su pareja, incluso cuando no está de acuerdo. Hace una lista de las veces que ha sacrificado sus necesidades para complacer a su pareja: cenas en restaurantes que no le gustan, películas que no le interesan, etc. Luego, decide hablar con su pareja sobre la importancia de equilibrar sus deseos y necesidades en la relación para sentirse más auténtica y feliz

- Desenmascarando a la víctima: tu diario de empoderamiento. A partir de ahora me gustaría que comenzases a escribir un diario donde explores los momentos en los que te sientas completamente sin poder. Registra tus pensamientos y emociones durante estas situaciones. Después, analiza cómo podrías cambiar tu perspectiva y tomar el control con pequeñas acciones. ¿Cómo podrías ser la protagonista de tu propia historia en lugar de la víctima?

  Ejemplo: Ana comienza a escribir en su diario cada vez que se siente impotente o sin control en una situación. Registra cómo se siente y por qué, luego reflexiona sobre qué podría hacer para cambiar la situación y recuperar el control. Después de un tiempo, Ana se da cuenta de que puede cambiar su perspectiva y tomar el control de su vida con actos pequeños, lo que hace que se sienta más empoderada.

- Balance con la triunfadora: un inventario de valores. Haz una lista de tus logros y éxitos personales y profesionales. Luego, reflexiona sobre qué parte de tu valía personal está vinculada a estas hazañas. Piensa en maneras de celebrar tus logros sin que definan completamente quién eres. Diseña pequeñas acciones diarias que te conecten con tu valía intrínseca, más allá de los triunfos externos.

  Ejemplo: Laura hace una lista de sus logros personales y profesionales, como graduarse en la universidad y conseguir un ascenso en el trabajo. Reflexiona sobre cómo estos logros han contribuido a su sentido de valía personal, pero también reconoce que hay aspectos de sí misma que van más allá de estos éxitos. Decide celebrar sus logros sin dejar que definan completamente su autoestima, **encontrando alegría en las pequeñas cosas diarias que la hacen sentir valiosa.**

- Derribando a la dura: una exploración emocional. Dedica tiempo a reconocer y expresar tus emociones. Escribe en un diario cómo te sientes en diferentes situaciones y por qué. Confronta los momentos en los que te cierras emocionalmente y reflexiona sobre qué pasaría si permitieras que los demás te vieran vulnerable. ¿Cómo podrías transformar esa coraza en una ventana a tu autenticidad?

  Ejemplo: Sofía comienza a escribir en un diario sobre cómo se siente en diferentes situaciones y por qué tiende a cerrarse emocionalmente cuando está enojada o triste. Reflexiona sobre lo que pasaría si permitiera que otros la vieran vulnerable. Decide dar pequeños pasos para expresar más abiertamente sus emociones y se sorprende al ver que la gente responde positivamente a su autenticidad.

- Desactivando a la seductora: una conversación auténtica. Trata de mantener conversaciones significativas con los hombres, que vayan más allá de lo físico. Escoge temas que revelen tus verdaderas pasiones, sueños y pensamientos. Observa cómo cambia la dinámica cuando compartes aspectos más profundos de tu personalidad y cómo las conexiones se vuelven más ricas.

Ejemplo: Carolina decide tener conversaciones más profundas con los hombres en lugar de centrarse en su aspecto físico. Elige hablar sobre sus pasiones, sueños y pensamientos en lugar de centrarse en temas superficiales. Descubre que las conexiones que hace son más significativas y satisfactorias cuando se muestra más auténtica y vulnerable.

- Equilibrio con la superpositiva: permisividad para ser. Permítete sentir y expresar emociones que no sean positivas. Crea un espacio seguro para aceptar y procesar también los sentimientos menos optimistas. Observa cómo esto no solo te fortalece, sino que también atrae a personas que pueden brindarte un apoyo genuino cuando más lo necesitas.

Ejemplo: Marta se permite sentir y expresar emociones que no sean positivas. Crea un espacio seguro para aceptar y procesar sus sentimientos menos optimistas, como la tristeza o la ira. Descubre que, al hacerlo, se siente más fuerte y capaz de afrontar los desafíos de la vida, y también atrae a personas que pueden brindarle un apoyo genuino cuando más lo necesita.

Estos ejercicios te invitan a explorar bajo esas máscaras, a revelar tu verdadero ser y permitir que tus relaciones se construyan con una autenticidad profunda. Y es que el amor más significativo comienza cuando te muestras tal y como eres. ¡Sigue adelante en este viaje de autodescubrimiento!

Eleva tu conciencia para crear relaciones de calidad

¿Qué significa realmente «elevar la conciencia»? Para entender este concepto tenemos que vernos como seres complejos, compuestos por diversas capas que interactúan y operan en distintas dimensiones de nuestro ser. Este entendimiento nos brinda la capacidad de comprendernos y practicar la compasión hacia nosotras mismas. Al reconocer que somos una amalgama de aspectos físicos, emocionales y mentales, empezamos a trazar un mapa hacia la autenticidad.

Para elevar la conciencia será necesario, además de eliminar las máscaras, el trabajo arquetípico, es decir, deshacernos de los arquetipos que explicábamos en el capítulo anterior, ya que estos, en gran medida, están relacionados con las máscaras y son solo una manera más de ocultar nuestro verdadero y valioso ser. Este trabajo de romper con máscaras y arquetipos nos ayudará a elevar el nivel de conciencia y, en consecuencia, nos ayudará a tomar mejores decisiones. Cuando esto ocurra, sentirás que por fin empiezas a tomar mejores decisiones de forma natural, que te harán sentirte en paz y en calma, y, en consecuencia, atraerás esas relaciones de calidad que tanto deseas. Esta visión nos ofrece una herramienta poderosa para elevar nuestro nivel de conciencia y, como consecuencia, mejorar nuestra conducta. La magia ocurre cuando tomamos decisiones con mayor claridad, lo que nos lleva a estados de paz y serenidad. Este cambio en nuestra conducta se traduce en la capacidad de atraer relaciones de calidad, alineadas con la autenticidad que ahora irradiamos, para, por fin, brillar con luz propia tras desafiar el miedo a quitarnos la careta y ser grandiosas.

Explorar formas alternativas de relacionarse más allá de simplemente eliminar máscaras y arquetipos puede sumar profundidad a la experiencia de amor y conexión. Aquí hay algunas sugerencias adicionales:

1. Practicar la escucha activa: en lugar de centrarte únicamente en expresar tus pensamientos y sentimientos, dedica tiempo a escuchar genuinamente a tu pareja. Presta
atención a lo que diga sin juzgar y haz preguntas para
entender mejor su perspectiva. Esto fomenta una comunicación más profunda y una conexión emocional más
significativa.

2. Practicar la gratitud: expresa aprecio por las cualidades,
acciones y gestos positivos de las personas con las que
compartes tu tiempo. La gratitud refuerza la conexión
emocional y promueve un ambiente de amor y cuidado
mutuo.

3. Fomentar la vulnerabilidad: comparte tus pensamientos,
sentimientos y deseos de manera abierta y honesta con las
personas con las que compartes tu tiempo. La vulnerabilidad crea un espacio para la autenticidad y el crecimiento
emocional en la relación.

4. Crear rituales de conexión: establece momentos regulares
para conectarte emocionalmente con las personas con las
que compartes tu tiempo, ya sea en citas nocturnas, pa-
seos juntos o conversaciones significativas. Estos rituales
fortalecen el vínculo y mantienen viva la chispa del amor.

5. Priorizar el autocuidado: reconoce la importancia de cui-
darte para poder contribuir positivamente a las relaciones
que puedan surgir en el futuro. Dedica tiempo a actividades que te nutran física, emocional y mentalmente, lo
que te permitirá estar más presente y disponible para tu
pareja.

Al integrar estas prácticas, se puede cultivar una conexión
más profunda y significativa que va más allá de la eliminación de
máscaras y arquetipos. Estas acciones fomentan un amor auténtico y sostenible que nutre y enriquece tanto a los individuos
como a la relación en su conjunto.

Para conseguir este brillo personal, que parte del interior y se refleja en el exterior, debes aprender cuáles son las fases de elevación de conciencia, ya que solo así podrás identificarlas y transitarlas en tu camino hacia la sanación y la transformación. Veámoslas juntas:

- Fase de conciencia inactiva: te encuentras en un punto inactivo de conciencia en el que vives dentro del ego. Aquí no se ve más allá del discurso psicológico propio y ni siquiera se plantea el hecho de que puedan existir otras maneras de ver la vida. Es una fase en la que tienes «una venda en los ojos».

  Ejemplo: en esta fase, Laura vive inmersa en su rutina diaria, centrada en sus problemas laborales y personales sin cuestionarse nada. Siente que la vida es una lucha constante y que no hay otra forma de vivirla. Es como si tuviera una venda en los ojos, sin poder ver más allá de sus propios pensamientos limitantes y sus miedos.

- Fase de sanación y reparación: empiezas a tomar conciencia de tu situación de «ceguera», aunque no siempre haces las cosas como deberías y tampoco tienes mucha idea de cómo se hacen bien. Comienzas a cuestionar tus pensamientos y captas en los demás la tranquilidad que quieres para ti.

  Ejemplo: María empieza a darse cuenta de que sus constantes quejas y su insatisfacción no son normales. Aunque no sabe exactamente qué está mal o cómo solucionarlo, comienza a buscar respuestas. Lee libros de autoayuda y empieza a asistir a terapias, donde se da cuenta de que su estado de ceguera está obstaculizando su felicidad. Ve en otras mujeres la calma y la paz que ella anhela para sí misma.

- Fase de reconstrucción y creación de bases: rompes tu máscara y tu yo antiguo para crear las bases de una personalidad más sólida y coherente.

Ejemplo: Ana ha decidido que ya no quiere vivir como antes. Ha roto con su antiguo yo y ha dejado atrás relaciones tóxicas y patrones de comportamiento destructivos. Se dedica a construir una nueva versión de sí misma, más fuerte y coherente, basada en el amor propio y la autenticidad. Empieza a practicar meditación y establece límites saludables en sus relaciones.

- Fase de aceptación: aceptas a la mujer que eres, a la que has sido y a la que llegarás a ser.

Ejemplo: Carmen se mira en el espejo y finalmente acepta quién es. Reconoce los errores del pasado sin juzgarse y aprecia la mujer en la que se está convirtiendo. Acepta tanto sus sombras como sus luces, y entiende que cada experiencia la ha llevado a ser la persona que es hoy. Abraza su historia con amor y compasión.

- Fase de trabajar por los propios sueños con intención: te focalizas y vas a por todas, con toda tu intencionalidad centrada en tener una relación sana.

Ejemplo: Lucía se ha propuesto transformar su vida. Con una claridad renovada, se enfoca en sus objetivos y trabaja con determinación para lograrlos. Quiere una relación sana y equilibrada, y pone todo su esfuerzo en sanar sus heridas y desarrollar una comunicación eficaz con su pareja. No solo sueña, sino que actúa con intención cada día para acercarse a sus metas.

- Fase de expansión: has elevado tu conciencia y ya te estás relacionando de forma sana.

Ejemplo: Sofía ha elevado su conciencia y se siente plena. Sus relaciones son sanas y equilibradas porque ella ha trabajado en su interior. Ya no necesita validación externa para sentirse bien consigo misma. Vive con propósito y gratitud, y se dedica a ayudar a otras mujeres a elevar su conciencia también. Sofía brilla con una luz que nace de su interior y se refleja en todo lo que hace.

Nuestro miedo más profundo (inspirado en el poema de Marianne Williamson)

Una vez logramos elevar los estándares de conducta, el cambio se desencadena solo, y lo cierto es que, a veces, por extraño que parezca, tememos nuestra propia grandeza más que cualquier otra cosa, ya que nos da miedo su potencia y su intensidad. Este miedo profundo no es el miedo común a no encajar o a no ser aceptadas, sino el miedo a ser poderosas más allá de lo que imaginamos. Nos preguntamos internamente: «¿tenemos derecho a ser talentosas y simplemente increíbles?». Y la respuesta, querida, es que sí. Atrévete a ser tu yo más brillante y ten en cuenta que este miedo revela algo importante sobre nuestro camino hacia elevar la conciencia y construir relaciones auténticas: revela nuestras inseguridades más profundas y nuestras limitaciones autoimpuestas. Este miedo nos muestra dónde nos sentimos más vulnerables y expuestas, dónde tememos no ser aceptadas o valoradas por quienes somos realmente.

Al afrontar este miedo, podemos descubrir la verdadera magnitud de nuestro potencial y la posibilidad de crecimiento personal. También nos muestra la importancia de la autenticidad en nuestras relaciones, ya que solo al ser fieles a nosotras mismas podemos establecer conexiones genuinas con los demás. En última instancia, este miedo nos desafía a abrazar nuestra singularidad y a compartirnos plenamente con el mundo, sabiendo que solo al hacerlo podemos experimentar el amor y la conexión en su forma más pura y poderosa.

A veces nos aferramos a comportamientos limitantes porque, de alguna manera, creemos que no merecemos mostrar nuestra grandeza interna. Pensamos que, al brillar con luz propia, podríamos hacer que otros se sintieran incómodos, celosos o inseguros. Pero, al temer nuestra propia grandeza, no solo estamos limitándonos, sino que también estamos frenando la posibilidad de relaciones auténticas. Solo al abrazar y celebrar nuestra luz daremos a los demás el permiso tácito para que hagan lo mismo.

En el contexto de nuestro viaje de elevación de conciencia, superar este miedo a ser grandiosas se vuelve crucial. Aceptar nuestra autenticidad completa, con toda nuestra luz interior, es la clave para construir relaciones genuinas. Al liberarnos de las limitaciones autoimpuestas creamos un espacio donde cada persona puede brillar sin miedo al juicio o la comparación. Y, al hacerlo, iluminaremos nuestro propio camino y crearemos un entorno propicio para relaciones auténticas y empoderadoras. ¡Sigamos brillando juntas en este emocionante viaje hacia la autenticidad y las conexiones genuinas!

La historia real de Elena: desafiar el miedo y abrazar la grandeza

Elena Martínez, una mujer de treinta y cinco años, ha forjado su camino en el vertiginoso mundo de la tecnología. Con una mente brillante y una ética de trabajo inquebrantable, ha escalado rápidamente en la jerarquía corporativa, y se ha convertido en una ejecutiva respetada y solicitada en su campo.

Desde fuera, la vida de Elena parece estar perfectamente alineada con el éxito. Con una carrera en ascenso, un apartamento moderno en el corazón de la ciudad y una agenda repleta de eventos sociales, Elena encarna la imagen de una mujer exitosa y poderosa. Sin embargo, detrás de esta fachada de perfección, Elena ha lidiado durante mucho tiempo con un conflicto interno.

Desde joven, Elena aprendió que destacar demasiado no siempre era bien recibido. Criada en un entorno donde se valoraba la modestia, desarrolló un patrón de minimizar sus logros y mantener una humildad que, en ocasiones, se convertía en autolimitación. A pesar de sus éxitos profesionales, Elena se esforzaba por compartir sus logros personales y destacar su auténtico ser.

Elena, en su adultez, intrigada y cautivada por la idea de liberarse de estas ataduras autoimpuestas, decidió dar un cambio a esta actitud limitante que había perpetuado a lo largo de su vida y embarcarse en un viaje de autoexploración y transformación.

Las máscaras de Elena

Elena, consciente de que había estado usando máscaras para navegar por el mundo, comenzó a identificar y romper estas barreras internas. Cada máscara representaba una faceta de su personalidad y su relación con el entorno:

1. **La máscara de la modestia:** *Elena se relacionaba con los demás a través de esta máscara, que le impedía mostrar su verdadero potencial por temor a ser vista como arrogante. Este arquetipo predominante era el del **héroe herido**, que duda de su propio valor y teme destacar por encima de los demás.*

2. **La máscara de la perfección:** *en su vida profesional, Elena adoptó la imagen de una ejecutiva impecable, siempre controlada y sin margen de error. Aquí, el arquetipo del **perfeccionista** era dominante, y reflejaba una constante presión interna para no mostrar debilidades o fallos.*

3. **La máscara de la independencia:** *en el ámbito personal, Elena proyectaba una imagen de autosuficiencia total y evitaba depender emocionalmente*

de otros. Este arquetipo era el **guerrero solitario**, que lucha sus batallas solo y rechaza el apoyo externo.

El viaje de transformación de Elena

A medida que Elena se sumergía en el proceso de elevación de conciencia, comenzó a desafiar conscientemente sus miedos arraigados y a deshacerse de sus máscaras:

- **Romper la máscara de la modestia**: Elena empezó a reconocer y celebrar sus logros públicamente. Al hablar abiertamente de sus éxitos y habilidades, rompió con el arquetipo del héroe herido y adoptó el del **sabio**, que comparte sus conocimientos y experiencias con otros sin miedo al juicio.
- **Romper la máscara de la perfección**: Elena se permitió mostrarse vulnerable y humana en su entorno laboral. Al aceptar y aprender de sus errores, transformó el arquetipo del perfeccionista en el del **creador**, que ve en cada fallo una oportunidad para innovar y crecer.
- **Romper la máscara de la independencia**: en su vida personal, Elena aprendió a abrirse emocionalmente y a depender de sus seres queridos. Al dejar atrás el arquetipo del guerrero solitario, adoptó el del **amante**, lo que fortaleció sus relaciones y le hizo permitirse ser amada y apoyada.

El resultado de la transformación

Este cambio no solo tuvo un impacto positivo en su relación consigo misma, sino que también influyó en sus relaciones personales y profesionales. Elena descubrió que, al abrazar su grandeza y vulnerabilidad, atrajo a personas que *valoraban su autenticidad. En el ámbito profesional, se convirtió en una líder aún más eficaz al compartir sus experiencias y lecciones aprendidas. En lo personal, sus amistades se fortalecieron y Elena encontró el coraje para abrir su corazón a una relación romántica más significativa.*

Así, Elena Martínez se liberó de las máscaras que había usado durante tanto tiempo, y se transformó en una mujer auténtica y poderosa, capaz de vivir plenamente y conectar profundamente con quienes la rodean.

Este capítulo de la vida de Elena demuestra que el viaje hacia la autenticidad y el amor propio puede transformar no solo la relación con uno mismo, sino también la manera en que interactuamos con el mundo que nos rodea. Su historia puede inspirarte a desafiar tus propios miedos y a abrazar plenamente la grandeza que llevas dentro.

Hoy, la vida de Elena Martínez es un testimonio real de cómo desafiar los miedos y abrazar la propia grandeza puede transformar radicalmente la existencia. Su viaje de elevación de conciencia no solo alteró su perspectiva interna, sino que también moldeó las experiencias que ahora llenan su día a día.

Profesionalmente, Elena sigue destacando en la industria tecnológica, pero lo hace con una nueva confianza y autenticidad. Como ejecutiva, ahora lidera no solo con habilidades técnicas impecables, sino también con una capacidad de conexión humana que ha cultivado al revelar su verdadero yo. Sus compañeros de trabajo la respetan por sus habilidades y por la valentía que muestra al ser completamente auténtica.

En lo personal, Elena ha tejido relaciones más ricas y significativas. Su círculo de amistades ha crecido, en parte gracias a su capacidad para ser vulnerable y compartir los triunfos y los desafíos de la vida. Las noches ahora se llenan de risas auténticas y conversaciones que van más allá de lo superficial.

En el ámbito romántico, Elena ha experimentado una transformación asombrosa. Al desafiar su miedo a ser «demasiado», ha atraído a su vida una pareja que celebra sus éxitos y comparte sus valores y aspiraciones. La relación florece en un terreno de sinceridad y apoyo mutuo, rompiendo con patrones del pasado.

Además, Elena ha incorporado prácticas de autocuidado en su rutina diaria. La meditación y la introspección son ahora partes fundamentales de su vida, lo que le proporciona la claridad mental y emocional necesaria para abordar los desafíos diarios con calma y equilibrio.

En resumen, la vida de Elena ahora es un testimonio vivo de cómo el proceso de elevación de conciencia puede transformar todos los aspectos de la existencia. Desde el trabajo hasta las relaciones personales, Elena irradia una autenticidad que no solo la ha empoderado a ella, sino que también ha iluminado el camino para quienes la rodean. Su historia continúa siendo un faro de inspiración para todas las mujeres que buscan liberarse de sus miedos y brillar con luz propia.

Conviértete en la persona que quieres atraer como pareja: transformación desde el yo interior

Quiero explorar contigo profundamente la idea de que, para atraer la relación que anhelamos, debemos comenzar un viaje interno hacia la transformación personal. Y esta transformación se basa en operar desde el ser y no tanto desde el hacer.

A menudo, nos encontramos en situaciones en las que nuestra vida laboral refleja un yo adulto, pero en el ámbito amoroso actuamos desde una parte más vulnerable y herida de nosotras. Este patrón puede atraer a parejas que se relacionan de la misma manera, lo que da lugar a dinámicas infantiles en relaciones de adultos.

A medida que nos transformamos, aprendemos a relacionarnos de manera constructiva. El juego en la relación se convierte en un intercambio positivo y creativo, en lugar de repetir patrones infantiles. Y, para transformarnos, debemos sumergirnos en la poderosa idea de que, para atraer la relación que anhelamos, primero debemos convertirnos en la persona que deseamos tener al lado mediante el autodescubrimiento, el crecimiento personal y acciones concretas que nos acercarán a la relación que tanto queremos. Para lograrlo, te propondré ciertas situaciones que seguramente conozcas de primera mano y trataremos de desentrañar la manera de solucionarlas y de transformarte gracias a estas soluciones. Además, lo haremos de forma práctica, mediante varios ejercicios, para que te resulte más tangible. ¡Comienza tu transformación!

Reflexionemos sobre cómo nos presentamos en diferentes áreas de nuestra vida, ya que suele existir una desconexión entre la profesional segura de sí misma y la amante vulnerable. Para ello, vamos a recuperar nuestro diario y a terminar este capítulo con una serie de prácticas que te ayudarán en este viaje.

Reconocer la brecha entre el yo laboral y el yo emocional

Anota las características que muestras en tu vida laboral y compáralas con las que revelas en tus relaciones personales.

Propósito

Observar las diferencias entre tu comportamiento en entornos profesionales y personales para identificar áreas de congruencia y discrepancia.

Conclusiones esperadas

Comprender cómo tu presentación varía en diferentes contextos puede ayudarte a integrar de manera más coherente tus identidades laboral y personal.

Abordar a la niña herida

Vamos a identificar esa parte más vulnerable de nosotras que suele emerger en las relaciones amorosas. Esta «niña herida» puede manifestarse como miedos, inseguridades o patrones de comportamiento aprendidos en la infancia.

Registra en tu diario de emociones para rastrear momentos en los que sientes que actúas desde tu niña herida.

Propósito

Reconocer y entender las emociones y comportamientos que surgen de heridas emocionales pasadas.

Conclusiones esperadas

Al llevar un registro de tus emociones, podrás identificar patrones recurrentes relacionados con tu «niña herida», lo que te permitirá abordarla y trabajar en su sanación.

Atraer relaciones adultas y saludables

Una vez sanemos nuestras partes más vulnerables, estaremos listas para atraer relaciones adultas y saludables. Esto implica establecer límites, comunicarse de manera clara y relacionarse con madurez emocional.

Define tus límites personales y practica expresar tus necesidades de manera asertiva.

Propósito

Prepararse para establecer relaciones maduras y satisfactorias basadas en el respeto y la comunicación eficaz.

Conclusiones esperadas

Al definir límites personales y practicar la comunicación asertiva, estarás mejor equipada para atraer y mantener relaciones adultas y saludables.

Todo esto es fundamental para mantener relaciones saludables y satisfactorias. Aquí te doy algunos pasos que puedes seguir:

1. Autoconocimiento: antes de poder comunicar tus límites y necesidades, necesitas identificarlos. Reflexiona sobre qué cosas te hacen sentir incómoda, sobrepasada o resentida, así como qué necesitas para sentirte bien y satisfecha en tus relaciones y en tu vida en general.

2. Claridad mental: antes de comunicar tus límites y necesidades, asegúrate de tener claridad mental. Esto significa entender tus propios sentimientos y pensamientos, así como tus motivos.

3. Comunicación asertiva: la comunicación asertiva implica expresar tus pensamientos, sentimientos, límites y necesidades de manera clara, respetuosa y firme. Evita ser agresiva o pasiva en tu comunicación.

4. Practicar la empatía: trata de comprender también el punto de vista de la otra persona. La empatía puede ayudarte a comunicar tus necesidades de manera más eficaz y a encontrar soluciones que satisfagan a ambas partes.

5. Ser específica y concreta: cuando expreses tus límites y necesidades, sé específica y concreta. Esto ayuda a evitar malentendidos y a asegurar que la otra persona entiende claramente lo que estás comunicando.

6. Utilizar un lenguaje no acusatorio: evita culpar o criticar a la otra persona cuando expreses tus límites y necesidades. En su lugar, enfócate en tus propios sentimientos y necesidades.

7. Practicar la escucha activa: una comunicación eficaz no solo implica expresar tus propias necesidades, sino también escuchar las de los demás. Practica la escucha activa para fomentar una comunicación abierta y constructiva.

8. Recuerda que la práctica hace al maestro: comunicar tus límites y necesidades de manera asertiva puede resultar incómodo al principio, pero con el tiempo y la práctica, sentirás una mayor seguridad y comodidad al hacerlo.

Jugar en la relación de forma constructiva

A medida que nos transformamos, aprendemos a relacionarnos de manera constructiva. El juego en la relación se convierte en un intercambio positivo y creativo en lugar de repetir patrones infantiles.

Practica la comunicación abierta y el juego constructivo con tu pareja o personas cercanas. Practicar la comunicación abierta en tus relaciones es esencial para fortalecer los vínculos y resolver conflictos de manera eficaz. Por ejemplo, cuando te sientas herida por un comentario de tu pareja, en lugar de guardar resentimiento, es mejor expresar tus sentimientos de manera abierta y honesta, utilizando frases como: «Me sentí herida cuando dijiste eso porque…». La escucha activa también es crucial; si una amiga está compartiendo un problema personal, escucha sin interrumpir y haz preguntas que demuestren tu interés, respondiendo con frases como: «Entiendo cómo te sientes» o «¿Qué piensas hacer al respecto?». Es importante evitar suposiciones; si tu pareja llega tarde a una cita, en lugar de asumir lo peor, pregúntale abiertamente qué sucedió con una frase como: «He visto que has llegado tarde, ¿ha pasado algo en el camino?». No temas pedir aclaraciones si no entiendes del todo algo, usa frases como:«¿Podrías explicarme un poco más sobre eso?». Además, utiliza el «yo» en lugar del «tú» para evitar que la otra persona se sienta atacada, por ejemplo, en lugar de decir: «Nunca ayudas en casa», podrías decir: «Me siento abrumada cuando no recibo ayuda con las tareas domésticas».

Siguiendo estos consejos, podrás cultivar una comunicación más abierta y constructiva en tus relaciones, que promoverá una mayor comprensión y conexión con tus seres queridos.

Antes de atraer a la pareja ideal, es crucial conocerte a fondo

Dedica tiempo a reflexionar sobre tus valores, metas y lo que realmente deseas en una relación.

Lleva un diario de autodescubrimiento donde anotes tus pensamientos sobre quién eres y quién aspiras a ser. Relee ese diario mes a mes para ver tu evolución y conocerte mejor. Incluso sería interesante que hicieses este ejercicio durante años y pudieses leer las entradas del año pasado, así verás tus progresos.

Propósito

Reflexionar sobre tus valores y metas para establecer una base sólida antes de buscar una pareja.

Conclusiones esperadas

Al llevar un diario de autodescubrimiento y revisarlo regularmente, podrás comprender mejor tus necesidades y aspiraciones, lo que te ayudará a tomar decisiones más conscientes en tus relaciones.

La mejora personal constante es atractiva

Comprométete con el aprendizaje, establece metas y trabaja en convertirte en la mejor versión de ti.

Elige una habilidad o área de tu vida que desees mejorar y crea un plan de acción para alcanzar ese objetivo.

Propósito

Comprometerse con el crecimiento personal y el desarrollo continuo.

Conclusiones esperadas

Al establecer metas y crear planes de acción para mejorar áreas concretas de tu vida, te conviertes en una persona más atractiva y segura de sí misma.

Objetivo

Mejorar mi habilidad para hablar en público.

Plan de acción

- Investigar y aprender: dedicar tiempo a investigar técnicas eficaces para hablar en público y cómo superar el miedo escénico. Leer libros, ver vídeos en línea o hacer cursos en línea sobre el tema.
- Practicar regularmente: establecer un horario regular para practicar hablar en público. Puedo empezar practicando frente a un espejo o grabándome para identificar áreas de mejora.
- Buscar oportunidades para hablar en público: ya sea en el trabajo, en eventos locales o en grupos de interés me permitirá ganar experiencia y confianza en mis habilidades.
- Recibir comentarios: pedir a amigos, familiares o colegas que me hagan comentarios sinceros sobre qué tal he hablado en público. Utilizar sus comentarios para identificar áreas de mejora y trabajar en ellas.
- Mantener una actitud positiva: aceptar que mejorar en esta área puede llevar tiempo y esfuerzo. Mantener una actitud positiva y celebrar mis avances, por pequeños que sean.

- Evaluar y ajustar: revisar mi progreso regularmente. Si es necesario, ajustar mi plan de acción para abordar cualquier desafío que pueda encontrar en el camino.

La confianza en una misma es magnética

Trabaja en fortalecer tu autoestima y confianza reconociendo tus logros y aceptando tus imperfecciones.

Anota tres cosas que te enorgullezcan de ti todos los días durante una semana.

Propósito

Reforzar la autoestima y la confianza en ti misma.

Conclusiones esperadas

Reconocer tus logros diariamente te ayudará a desarrollar una actitud más positiva hacia ti misma, lo que a su vez aumentará tu confianza y magnetismo personal.

Una relación sólida se basa en la empatía y la generosidad

Trabaja en comprender las necesidades y deseos de los demás y encuentra maneras de ser generosa en tus acciones. Recuerda que el amor propio es el fundamento sobre el que se construyen las relaciones saludables.

Haz actos de amabilidad sin esperar nada a cambio y observa cómo afecta esto a tu bienestar y tus relaciones.

Propósito

Practicar la empatía y la generosidad como pilares fundamentales de relaciones saludables.

Conclusiones esperadas

Al hacer actos de amabilidad sin expectativas, experimentarás cómo el amor propio y la generosidad contribuyen a relaciones más satisfactorias y equilibradas.

Pasos a seguir

1. Identifica oportunidades: estate atenta a situaciones en las que puedas brindar ayuda, apoyo o simplemente haz actos de amabilidad sin esperar una recompensa directa. Pueden ser pequeñas acciones, como ayudar a un compañero de trabajo con una tarea, sostener la puerta a alguien o escuchar a un amigo que necesita desahogarse.

2. Actúa sin esperar nada a cambio: haz el acto de amabilidad de manera genuina y desinteresada, sin esperar reconocimiento o gratitud. Enfócate en el simple acto de hacer algo positivo por los demás.

3. Observa tus emociones: tras hacer el acto de amabilidad, tómate un momento para reflexionar sobre cómo te sientes. ¿Te sientes bien contigo? ¿Experimentas una sensación de satisfacción o alegría por haber ayudado a alguien?

4. Observa las reacciones de los demás: presta atención a la reacción de la persona a quien has brindado tu ayuda. ¿Cómo responde? ¿Notas algún cambio en su actitud o comportamiento hacia ti?

5. Reflexiona sobre el impacto: a lo largo del día o de la semana, reflexiona sobre cómo estos actos de amabilidad han afectado a tu bienestar emocional y tus relaciones. ¿Notas algún cambio en tu estado de ánimo general? ¿Has fortalecido tus lazos con otras personas?

Ahora que ya has hecho todas estas prácticas, te habrás dado cuenta de que es esencial reconocer la brecha entre el «yo laboral» y el «yo emocional», y afrontar la realidad de que a veces actuamos desde una niña herida en nuestras interacciones amorosas. Este proceso de autodescubrimiento y sanación nos lleva a abordar las vulnerabilidades internas y a iniciar así la fase de sanación y transformación de la niña interior. A medida que nos convertimos en la persona que deseamos atraer, establecemos límites saludables, nos comunicamos de manera clara y aprendemos a relacionarnos con madurez emocional. Este viaje nos lleva a la fase de atracción de relaciones adultas y constructivas, donde el juego en la relación se transforma en un intercambio positivo y creativo.

En última instancia, estas etapas reflejan una elevación de conciencia, que nos permite construir conexiones adultas y saludables que florecen con el tiempo. Ojalá mis palabras y consejos te inspiren para convertirte en la persona que sueñas atraer como pareja y a construir una relación significativa; eso sería un gran logro para mí.

Hasta aquí, nuestro viaje juntas se ha centrado en ir muy al interior y, por supuesto, soy consciente de que te he propuesto trabajar mediante ejercicios que sin duda te harán el viaje más corto... Pero se nos ha olvidado un factor primordial. ¿Qué papel juegan las nuevas tecnologías en esta ecuación? ¡Lo vemos, sigue leyendo!

7. Nuevas tecnologías: amor sin agobios

El amor en el siglo XXI, un gran melón que me propongo abrir en este capítulo. ¿Cómo es el amor en la era de internet? ¿Cómo se combinan amor y nuevas tecnologías? ¿Es sencillo encontrar pareja en aplicaciones para ligar? Tanto si estás un poco pez en esto de buscar el amor en línea como si ya eres toda una experta, en este capítulo te mostraré cómo hacerlo de forma sana, tranquila y sin agobios. ¡Atrévete a explorar!

Los principales tipos de relaciones

Por supuesto, antes de conseguir una pareja con la ayuda de las redes sociales (o de cualquier manera), debes tener claro cuáles son los principales tipos de relaciones amorosas que existen y escoger en cuál te sientes más cómoda. Aquí te los dejo:

- Relación monógama: es el tipo de relación más tradicional y consiste en dos personas comprometidas exclusivamente entre sí. La monogamia implica fidelidad y exclusividad emocional y/o sexual.
- Relación abierta: en ella, las parejas acuerdan permitir conexiones emocionales y/o sexuales con otras personas fuera de la relación principal. Sin embargo, suele haber límites y acuerdos claros.

- Poliamor: implica tener múltiples relaciones consensuadas simultáneas, con la plena comprensión y consentimiento de todas las partes involucradas. Puede incluir relaciones emocionales y/o sexuales.
- Relación casual o amigos con derechos: implica una conexión más relajada y sin compromisos a largo plazo. Las personas pueden compartir momentos íntimos sin la expectativa de una relación seria.
- Relación a distancia: ocurre cuando las parejas viven en ubicaciones geográficas separadas. El éxito de este tipo de relaciones depende de la comunicación eficaz y la confianza.
- Relación asimétrica: puede referirse a una relación donde las responsabilidades, el compromiso o el nivel de interés no son mutuos en todos los aspectos.
- Relación polisexual: en este tipo de relación, las personas pueden estar abiertas a conectarse con individuos de distintos géneros sin limitarse a la dicotomía tradicional.
- Relación intercultural o interreligiosa: quienes las integran pertenecen a diferentes culturas o religiones, lo que puede sumar complejidad debido a las diferencias en valores, tradiciones y expectativas familiares.
- Relación LGTBIQ+: relaciones entre personas lesbianas, gays, bisexuales, transgénero, *queer* y otras identidades diversas.

Es importante destacar que la clave en cualquier tipo de relación es la comunicación abierta, el consentimiento mutuo y el respeto por los límites y deseos de todas las partes involucradas. Además, las etiquetas pueden ser útiles para la comprensión, pero cada relación es única y puede no encajar perfectamente en una categoría concreta.

Redes sociales y relaciones

No hay duda de que las redes sociales han revolucionado la forma en que nos relacionamos y comunicamos. Antes dependíamos de llamadas telefónicas o encuentros en persona, pero ahora, gracias a plataformas como Facebook, Instagram, Twitter y demás, podemos estar conectados todo el tiempo.

La cosa es que esta conectividad constante tiene sus pros y contras. Por un lado, nos permite estar en contacto con amigos y familiares sin importar la distancia. Pero, por otro, las expectativas digitales pueden ser un dolor de cabeza. A veces sentimos esa presión de tener una vida perfecta en línea, que solo muestre los mejores momentos. Y, sinceramente, eso no refleja la realidad.

Gestionar tu presencia en línea de manera saludable significa no dejarte atrapar por esa búsqueda de la perfección. No tienes que comparar tu existencia con las vidas aparentemente perfectas que ves en las redes. Recuerda que la gente comparte lo mejor, pero todos nos enfrentamos a desafíos y momentos difíciles.

Otra cosa importante es establecer límites. No necesitas estar disponible en las redes a todas horas, todos los días. Da tiempo a tu mente para descansar y desconectar. No dejes que las notificaciones controlen tu vida.

Cuando se trata de relaciones, las redes sociales pueden ser una bendición y una maldición. Por un lado, te permiten mantener el contacto fácilmente. Pero, por otro, pueden dar lugar a malentendidos. A veces, poner o no un simple «me gusta» puede provocar interpretaciones erróneas. La clave es la comunicación clara. Si tienes un problema o una pregunta, mejor hablar directamente en lugar de asumir cosas basadas en lo que ves en línea.

En resumen, disfruta de las redes sociales, pero no dejes que controlen tu vida amorosa. Porque lo que es siempre tiene forma de expresarse, estés en las redes sociales y en aplicaciones de citas o no.

Juan y María son pareja y llevan un tiempo juntos. Un día, Juan ve en el perfil de María en Instagram unas fotografías de ella con amigos pasando un día increíble en un parque de atracciones. A Juan le sorprende, porque ella no le mencionó nada sobre esta actividad.

En lugar de sacar conclusiones precipitadas, Juan decide hablar con María. Resulta que ella se sumó al plan en el último minuto y no tuvo tiempo de informar a Juan. En realidad, ella esperaba sorprenderlo con las fotos y contárselo todo después. Un simple malentendido de las redes sociales podría haber arruinado su día si no hubieran hablado abiertamente.

Además, ambos se dieron cuenta de que, sin querer, estaban cayendo en la trampa de comparar su relación con las de otras personas en línea. Decidieron ser más conscientes de cómo usaban las redes sociales, recordar que cada pareja tiene su propio ritmo y que no hay necesidad de competir por quién tiene la relación más perfecta.

Aprendieron a establecer límites en el uso de las redes sociales y a apreciar más los momentos compartidos fuera de la pantalla. Al final, esta experiencia fortaleció su comunicación y les enseñó a disfrutar de su relación en la vida real, en lugar de preocuparse demasiado por cómo se veía en línea.

En resumen, la historia de Juan y María destaca la importancia de la comunicación directa y de gestionar bien las expectativas digitales para mantener relaciones saludables.

La era digital ha traído un montón de formas nuevas de comunicarnos, pero también puede interferir y fastidiar la calidad de nuestras relaciones. Aquí van algunos consejos prácticos para mantener esa chispa en la comunicación, incluso cuando la tecnología quiera sabotearla:

1. Concéntrate en compartir tiempo de calidad: cuando quedes con amistades o posibles parejas, en lugar de estar pegada al teléfono, trata de dejarlo de lado, prestar atención a quien tengas delante y disfrutar del tiempo juntos sin distracciones digitales.

2. Evita el malentendido digital: los mensajes de texto y emojis pueden ser un campo minado de malentendidos. A veces, una palabra mal interpretada puede cambiarlo todo. Si algo es importante o puede prestarse a confusión, mejor llamar o hablar en persona. Evita guerras de emojis, ¿sabes?

3. No te agobies con los tiempos de respuesta: entiendo que la presión por responder rápidamente puede ser intensa, pero no te ofendas si alguien no responde de inmediato. La gente tiene cosas que hacer, ¡y está bien!

4. Aprovecha las videollamadas: las llamadas de voz son geniales, pero las videollamadas llevan las cosas a otro nivel. Te permiten ver las expresiones faciales y sentirte más conectada. Es como estar cara a cara, pero sin tener que salir de casa.

5. Sé clara y directa: en un mundo de mensajes cortos, se puede perder la sutileza. Si tienes algo importante que decir, sé directa y clara para evitar malentendidos.

6. Reconoce cuándo es hora de desconectar: aunque estemos conectadas todo el tiempo, también es vital saber cuándo desconectar. A veces, apagar el teléfono y disfrutar del momento sin distracciones es la mejor opción.

7. Añade un toque de humor: la vida ya es bastante seria, así que no dudes en incluir un poco de humor en tus conversaciones.

Resumiendo: en una relación, la tecnología puede ser una herramienta valiosa, pero también una distracción. Estos consejos están pensados para ayudarte a mantener una comunicación eficaz y auténtica en la era digital.

Desafíos de la intimidad en un mundo conectado

Imagina la intimidad en las relaciones como una flor delicada, algo así como una orquídea rara, que solo florece bajo ciertas condiciones. Es hermosa, pero también requiere atención y cuidado para mantenerse radiante. Ahora entra en escena el mundo conectado, que es como un vendaval digital que a veces sopla sin previo aviso.

Esta flor, que simboliza la intimidad, está en medio de un jardín lleno de ruido digital: tuits, actualizaciones de estado, fotos con filtros y todo ese escándalo cibernético. Al principio, puede parecer emocionante, como un espectáculo de fuegos artificiales, pero ese vendaval también puede ser una amenaza real para la delicadeza de nuestra flor.

Piensa que cada vez que compartes algo personal en línea, es como si una ráfaga fuerte de viento intentara llevarse algunos pétalos de la flor. Cuanto más expones, más fuerte sopla el vendaval. A veces, incluso sin darte cuenta, la flor queda expuesta al mundo entero, y la intimidad que compartiste puede marchitarse bajo la presión de las expectativas externas.

Y no olvidemos la comparación constante que trae consigo este vendaval digital. Al ver otras flores en ese jardín virtual, que a menudo son (o parecen ser) más grandes y coloridas, puede serte difícil resistir la tentación de comparar tu pequeña orquídea con esas aparentes maravillas botánicas.

Entonces, ¿cómo resistir el duro clima digital y proteger nuestra preciada flor de la intimidad? Bueno, podríamos construir una especie de refugio para nuestra orquídea, un espacio donde no llegue tan fácilmente el viento. Ese refugio podría ser una comunicación más directa y menos expuesta en las redes sociales, guardando para ti y tu pareja ciertos momentos y detalles que sean solo vuestros, no para el mundo entero.

También podéis regar vuestra flor con momentos fuera de las redes, cultivando contextos privados donde disfrutar de vuestra conexión sin la presión de las pantallas. Y, por supuesto, hay que recordar que, aunque el vendaval digital sea fuerte, nuestra flor es única y valiosa a su manera, sin necesidad de competir con las demás.

La intimidad en un mundo conectado es como cuidar una flor frágil; requiere amabilidad, atención constante y, a veces, protección de las tormentas digitales.

Aquí van algunos de los desafíos a los que se enfrenta la intimidad en este mundo hiperconectado:

- Sobreexposición digital: en el afán por compartir nuestras vidas en redes sociales, a veces acabamos compartiendo más de lo necesario. Desde detalles personales hasta peleas, la sobreexposición puede invadir nuestra privacidad.
- Comparación constante: las redes sociales nos bombardean con vidas «perfectas» y crean expectativas poco realistas sobre las relaciones. La comparación constante puede afectar a la autoestima y la conexión emocional genuina.
- Falta de espacio personal: con la disponibilidad constante mediante mensajes y redes sociales, a veces perdemos ese espacio personal que todos necesitamos. El constante flujo de comunicación puede ser abrumador.

Recuerda: en este mundo conectado, es clave encontrar el equilibrio entre compartir y preservar la intimidad. Con un toque de conciencia y comunicación abierta, puedes mantener esa conexión emocional sin sentir que estás bajo un microscopio digital constante.

Conseguir pareja en aplicaciones de citas

A menudo me llega información contradictoria sobre las aplicaciones de citas (y seguro que a ti también). Desde la típica amiga que encontró a su actual marido en una aplicación de citas y está esperando su primer hijo con él hasta la que te dice que allí los tíos lo único que buscan es pasar una noche pasional, ¿en qué quedamos? Por eso, he querido dedicar un apartado a desmitificarlas.

En mi opinión, una aplicación para ligar es un medio más para conocer gente, una facilidad que nos ofrece la tecnología, que antes no estaba a nuestro alcance. Por lo que son igual de válidas que encontrar el amor en la oficina, en la calle o en el gimnasio.

Las aplicaciones no son ni mejores ni peores, pero, debido a la rapidez que ofrecen y la gran cantidad de personas que las usan, emplean otros códigos que tenemos que aprender a gestionar. Lo que más importa es que seas tú, porque en función de quién seas atraerás a tu vida una energía u otra.

¿Qué factores hay que tener en cuenta para encontrar personas que estén en tu misma sintonía en las aplicaciones de citas? Vamos a verlo.

1. La actitud: si estás pasando por un momento delicado, estás herida o sientes mucha desconfianza no te recomiendo que entres en una aplicación de citas, porque te vas a encontrar con personas para quienes no estás preparada. La única manera de que la cosa salga bien y de que encuentres aquello con lo que tú te sientes conectada ahora es que dediques tiempo a la aplicación con optimismo y paz, no como si fuera un trabajo que te hace sudar la gota gorda. En tal caso, es mejor que reserves tu valiosa energía para otras cosas. Además, la vibra se huele incluso sin necesidad de interactuar contigo: en las frases que publicas, en

cómo interactúas, en la descripción que te pones... Por tanto, si necesitas darte un descanso, dátelo. Alimenta tu energía, estate de buen rollo y, cuando ya estés preparada y sientas que hay optimismo, esperanza, ganas, voluntad y confianza, conéctate.

2. La biografía: imagina que buscas a alguien que sea de verdad sincero, abierto y genuino, pero en tu perfil no pones apenas información. Lo que vas a transmitir (que no estás abierta, no tienes ganas y no estás motivada para dejarte conocer) es todo lo contrario a lo que buscas: Y ya sabes que primero debes ser lo que deseas encontrar. Puede que te dé vergüenza, reparo e incluso pienses que hay conocidos que te puedan encontrar en las redes. Pero tiene que darte igual quién lo vea. Hoy en día muchas personas usan las aplicaciones de citas y no pasa absolutamente nada; sé libre. Y, lo más importante: conviértete en lo que quieres atraer a tu vida; si quieres apertura y honestidad, empieza por ti misma.

3. Tus fotos: no te recomiendo poner las fotos que tengas más a mano o las que más te gusten. Céntrate en qué quieres proyectar a través de esas fotos. Eres una mujer libre y puedes enseñarle tu cuerpo a quien te dé la gana, pero, si piensas estratégicamente, no quieres atraer personas que solamente te valoren por tu sensualidad, tu cuerpo o algo que tenga que ver con eso. No potencies esa parte en tu perfil. Aunque eso tampoco significa que no puedas mostrar tu cuerpo, repito. Simplemente te digo que te plantees qué tipo de citas quieres atraer. Si estás en un momento en el que solamente buscas pasar un rato, seguramente escojas una serie de fotos que tengan que ver más con esa energía. Pero si quieres algo más construido y sólido tomarán relevancia otro tipo de fotos. Se trata de mostrarte de una manera equilibrada, de proyectar a la persona que eres y lo que quieres encontrar.

4. **Sé** concreta en tus conversaciones, limita tu atención y evita sobrepasarte: interactúa con un rango de entre cinco y nueve personas. Algunas pacientes me cuentan que han llegado a asistir a treinta citas en un mes y no han encontrado a nadie. Esta sobreabundancia de citas es contraproducente: no has tenido éxito porque te has abrumado con tantas opciones. Nuestro cerebro no está adaptado para elegir entre más de nueve alternativas; intentarlo solo te llevará a enfrentarte a demasiadas decisiones y, al final, a no conectar con nadie.

Además, es crucial conocer en persona a los hombres con quienes interactúas en las aplicaciones. No basta con chatear, mandarse correos electrónicos o tener conversaciones telefónicas. El cerebro humano está diseñado para interpretar todo el lenguaje corporal: el entorno, la sonrisa, la indecisión...

Si no te centras, quedas en persona con los candidatos y limitas tu número de citas te vas a saturar y acabarás corroborando la teoría de que no vale la pena estar en esa aplicación. Además, no tienes por qué quedar con todas las personas con las que hables. Las aplicaciones incluyen cada vez más la posibilidad de hacer audios y videollamadas para que nos resulte más fácil saber con quién nos apetece tener una cita en persona.

Queda con quienes te interesen, pero, ojo, tu energía es limitada. Sabes que después de tener una cita con alguien hay un ligero duelo que hay que sostener, porque tú irás a la cita con unas expectativas y unos ideales que, si no surge el *feeling* que esperabas, vas a tener que gestionar.

Por eso, tener tres primeras citas o más en una semana puede causarte lo que yo llamo «sobredosis de citas». Por eso es importante encontrar el equilibrio, filtrar bien y conservar tus energías. Recuerda: **ninguna cita es gratuita.**

8. Di no al *ghosting*: claves para superar las tres primeras citas y construir relaciones duraderas

En el capítulo anterior hemos hablado de la influencia de las nuevas tecnologías en la forma de relacionarnos, una herramienta que también, en cierta medida, ha normalizado un fenómeno que se da en muchas de las relaciones que se inician en estas plataformas: el *ghosting*. Seguro que más de una vez has leído u oído algo sobre el *ghosting* en los medios de comunicación o en las redes sociales, ¿qué significa esa palabreja? Puede que, por desconocimiento, hayas sufrido *ghosting* y ni siquiera hayas sabido detectarlo. Puede también que todavía arrastres sus secuelas. Sea cual sea tu caso, en este capítulo te explicaré en qué consiste, cómo puedes detectarlo y evitarlo y, por supuesto, cómo superarlo si llegas a sufrirlo.

¿Qué es el *ghosting*?

El *ghosting* es un fenómeno social que se da cuando, sin previo aviso, la persona a la que estás conociendo y con la que aparentemente todo funciona bien desaparece sin dejar rastro.

Hoy en día, debido en parte a las relaciones digitales que mantenemos a través de aplicaciones de mensajería y redes sociales, este fenómeno es muy frecuente. De la noche a la mañana, el hombre con quien tuviste un par de citas y habías hecho algunos planes se esfuma dejando de contestar a tus mensajes. Este hecho, como es obvio, abre heridas, hiere tu autoestima y tiene consecuencias psicológicas y emocionales, sobre todo porque, como se nos ha dicho que no podemos ser tan intensas, que no nos pasemos de pesadas, que no exijamos tanto a la pareja para no quedarnos solas, que nadie nos va a querer con el carácter que tenemos, pensamos que la otra persona ha desaparecido por nuestra culpa. Por supuesto, esto no es así. Desde ahora mismo quiero que tengas clara una cosa: si alguien te hace *ghosting*, no debes en ningún caso cargar con la culpa de su decisión y su forma de actuar.

Por desgracia, aunque logremos liberarnos de la culpa, como ya te adelantaba, el *ghosting* provoca secuelas notables en la autoestima de quienes lo sufren, y, para comprenderlas, primero debemos pensar en la autoestima como «una estrella con muchas aristas», es decir, como un concepto complejo y multifacético que puede ser analizado desde diversas perspectivas. Así como una estrella tiene múltiples puntas, la autoestima también se compone de diferentes aspectos que interactúan entre sí para formar una imagen completa de cómo nos percibimos. Te dejo la siguiente imagen para que te resulte más sencillo comprenderlo:

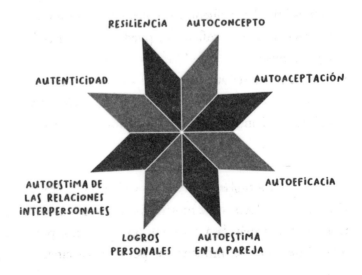

- Autoconcepto: percepción e imagen que tenemos de nosotras. Este aspecto puede estar influido por nuestras experiencias pasadas, nuestras habilidades y logros, así como por la forma en que nos perciben los demás.
- Autoaceptación: influye en la capacidad de aceptarnos tal como somos, con nuestras virtudes y defectos. La autoaceptación implica reconocer nuestras limitaciones y errores sin juzgarnos de manera negativa.
- Autoeficacia: creencia en nuestra capacidad para llevar a cabo tareas específicas y alcanzar metas. Cuando confiamos en nuestras habilidades, nuestra autoestima aumenta y nos sentimos más seguras.
- Autoestima de las relaciones interpersonales y de pareja: la calidad de nuestras relaciones con los demás también influye en nuestra autoestima. Las interacciones positivas pueden fortalecer la autopercepción, mientras que las relaciones negativas pueden tener el efecto contrario.
- Logros personales: alcanzar metas y superar desafíos contribuye a construir una autoestima sólida, ya que nos brinda evidencia tangible de nuestras capacidades y valía.
- Resiliencia: la capacidad para superar adversidades y aprender de las experiencias difíciles también es crucial para la autoestima. La resiliencia implica adaptarse positivamente a las situaciones desafiantes y puede fortalecer la confianza en una misma.
- Autenticidad: ser auténtica y fiel a una misma es otra arista esencial. La congruencia entre nuestras acciones y valores personales contribuye a una autoimagen positiva y coherente.

Así como las estrellas en el cielo pueden tener diferentes tamaños, brillos y colores, cada mujer experimenta la autoestima de manera única. Además, la autoestima no es estática; puede cambiar con el tiempo y ser influenciada por diversas circunstancias.

En conjunto, estas múltiples aristas forman un panorama completo de la autoestima y reflejan la complejidad de la autopercepción.

En este sentido, hay que entender que, además de que el *ghosting* afecta a nuestra autoestima, las personas que lo practican presentan una personalidad muy compatible con la inmadurez y la falta de responsabilidad emocional. No siempre es así, pero sí es cierto que hemos observado que muchas personas que hacen *ghosting* presentan algunas de estas características. Así que, en realidad, tenemos mucha suerte de que desaparezcan de nuestra vida lo antes posible. De lo contrario, la relación se volvería tóxica y mucho más dolorosa de soltar. Por eso, tratar el tema y desmitificarlo (lo verás en el siguiente apartado) te va a permitir obtener una perspectiva compasiva y más objetiva hacia tu persona si has sufrido este fenómeno.

El principal objetivo de profundizar en este tema es que estés en paz contigo y te puedas proteger si lo sufres. Así tendrás la certeza de que eres capaz de construir relaciones a largo plazo. Y, a pesar de que te vincules con alguien que te hace *ghosting*, sabrás qué hacer y cómo actuar para no repetir esos patrones en futuras relaciones.

Es vital darse cuenta de que el *ghosting*, aunque resulte doloroso, es una gran *red flag* que te indica que esa persona no está disponible para una relación sana. Lo normal sería poder hablar las cosas, llegar a un entendimiento mutuo y que no se esfumara, pero puede que te encuentres con personas incapaces de hacerlo que desaparecerán de la noche a la mañana.

Mitos y realidades del *ghosting*

Para que sepas ponerle cara al *ghosting*, hay que desmentir algunos mitos al respecto de este fenómeno:

- Es inofensivo: en realidad es todo lo contrario; puede tener un gran impacto negativo.

- Solo se da en relaciones románticas: esto no es así, el *ghosting* se manifiesta en otras muchas relaciones, incluidas las laborales y de amistad.
- Existe una razón lógica detrás: esto no es así y, a menudo, solo se explica por la falta de empatía e inmadurez de quien lo inflige.
- Es una buena forma de cortar con alguien: aunque esto puede ser cierto, hay que tener en cuenta que es una manera poco respetuosa de hacerlo. Si queremos terminar una relación hay que optar por la comunicación abierta y sincera para que nadie salga herido.
- Siempre sucede de repente: aunque la mayoría de las veces es así, también existe una variante de *ghosting* en la que la otra persona no desaparece de golpe, sino que va dejando de mostrar interés poco a poco hasta que llega al contacto cero.

Identificación de patrones y comportamientos relacionados con el *ghosting*

Estar al corriente de los principales patrones relacionados con el *ghosting* es una forma de prevenir sufrirlo, ya que, si detectas estos comportamientos a tiempo, estarás preparada y no te afectará tanto.

Algunos de los patrones de comportamiento relacionados con el *ghosting* son:

1. Evitación: la evitación y los patrones de comportamiento que la preceden pueden ser señales claras de que alguien podría estar pensando en hacerte *ghosting* en una relación, es decir, desaparecer sin previo aviso ni explicación. Los principales patrones de evitación son:
   - Comunicación irregular: si notas que la persona que estás conociendo empieza a responder a tus mensajes

con menos regularidad o reduce significativamente la frecuencia de sus interacciones, esto podría indicar que está evitando la comunicación.

- Excusas constantes: la persona que estás conociendo empieza a poner reiteradas excusas para no quedar y pospone constantemente los planes que habéis acordado. Esto podría deberse a que está buscando evitar compromisos más profundos o, simplemente, a que está creando distancia emocional.

- Reducción de la calidad de la comunicación: la calidad de las conversaciones puede disminuir y es posible que la persona que estás conociendo evite discutir sobre temas más profundos o personales. Si antes compartíais abiertamente vuestros pensamientos y sentimientos y ahora sois más reservados, esto podría ser una señal de evitación.

- Disminución del interés: la persona que estás conociendo demuestra una disminución notable en su interés por conocerte o participar en actividades juntos. Puede mostrar falta de entusiasmo o involucrarse menos en conversaciones y eventos compartidos.

- Evitar compromisos a largo plazo: si la persona que estás conociendo evita discutir o planificar eventos o compromisos a largo plazo, es posible que no esté dispuesta a comprometerse con la relación a largo plazo.

- Respuestas vagas o esquivas: cuando le preguntas sobre el futuro de la relación o sus sentimientos, la persona que estás conociendo responde de forma vaga o evita la pregunta por completo. Esto sugiere una falta de compromiso o disposición para abordar aspectos importantes de la relación.

- Desinterés en tu vida: si la persona que estás conociendo muestra un marcado desinterés en tu vida, tus logros o tus preocupaciones, puede ser indicativo de que está buscando distanciarse emocionalmente.

■ <u>Cambio en el comportamiento en redes sociales</u>: si la persona que estás conociendo reduce su actividad en redes sociales contigo, ya sea dejando de interactuar con tus publicaciones, dejando de compartir fotos contigo o reduciendo la visibilidad de su perfil, este cambio en línea podría reflejar una voluntad de distanciarse.

2. Desconexión: las respuestas breves y la falta de compromiso en la comunicación son señales de desconexión emocional.

3. Comunicación pasiva: si eres solo tú la que siempre está dando pasos para que la relación avance, es probable que esa persona te esté alertando sobre sus intenciones.

Es importante recordar que estos patrones no siempre indican *ghosting* y que puede haber otras razones para estos cambios de comportamiento; por ejemplo, la otra persona puede tener problemas personales, como dificultades emocionales o estrés, que podrían estar afectando a su capacidad para interactuar normalmente en la relación. Además, la carga de trabajo o problemas de salud pueden limitar su disponibilidad para comunicarse o comprometerse como antes. Conflictos no resueltos o cambios en intereses también pueden influir en la dinámica de la relación. Es crucial abordar cualquier cambio en el comportamiento con empatía y comunicación abierta, en lugar de asumir automáticamente que se trata de *ghosting*. Sin embargo, si observas varios de estos signos al mismo tiempo, sería prudente abordar la situación con la persona que estás conociendo y tener una conversación abierta sobre el estado de la relación. Y créeme, si realmente el contexto de su distancia se refiere a lo laboral o a alguna situación que esté viviendo, al hablar con él, y si le importas, te hará sentir que eres importante; si no cambia de actitud, entonces sal de ahí corriendo.

Superar el *ghosting*

Si has sufrido *ghosting*, lo primero que me gustaría decirte es que no te mereces que te traten de esa manera y que lo siento mucho. Y, lo segundo, es que tengo claro que serás capaz de superarlo, cerrar tus heridas y vincularte en un futuro en relaciones sanas.

Para trabajar las secuelas producidas por el *ghosting* existen algunas estrategias que puedes utilizar a tu favor:

- Acepta las emociones: vive y siente las emociones que experimentes cuando sufras *ghosting*. Permite esos momentos de tristeza y confusión, ya que serán los que te hagan avanzar.
- Establece límites y respétalos: establecer límites claros y respetarlos es fundamental para evitar el *ghosting* en una relación. Por ejemplo, al inicio de una relación, puedes comunicar claramente tus expectativas sobre la comunicación y el compromiso. Podrías decir algo como: «Para mí, la comunicación abierta y sincera es muy importante en una relación. Si en algún momento sientes que necesitas espacio o tiempo para ti, prefiero que me lo digas directamente en lugar de desaparecer sin previo aviso. Del mismo modo, prometo respetar tus necesidades y límites». Al establecer estas expectativas desde el principio y demostrar que estás dispuesta a respetar los límites de la otra persona, estás creando un ambiente de confianza y apertura que reduce la probabilidad de que ocurra el *ghosting*.
- Busca apoyo: sentir el apoyo emocional de gente en la que confías y quieres te puede ofrecer otra forma de ver las cosas y te va a consolar. Te cuento la historia de Laura:

cuando Laura fue víctima de *ghosting* por parte de su pareja, se sintió devastada y confundida. No entendía por qué alguien con quien había compartido tanto simplemente había desaparecido sin explicación. En lugar de encerrarse en su tristeza, Laura decidió buscar apoyo emocional en sus amigas y familiares. Llamó a su mejor amiga, Ana, y le contó lo que había sucedido. Ana la escuchó atentamente, le ofreció palabras de consuelo y la invitó a pasar el fin de semana en su casa para distraerse y relajarse. También habló con su hermano mayor, quien le recordó que el comportamiento de su pareja era un reflejo de la inmadurez y la falta de respeto de esa persona, no de la valía de Laura. Con el apoyo de sus seres queridos, Laura comenzó a ver la situación desde una nueva perspectiva. Se dio cuenta de que merecía estar con alguien que la respetara y valorara, y que era mejor haber descubierto la verdadera naturaleza de su pareja antes de comprometerse más. Este apoyo emocional no solo la consoló, sino que también le dio fuerzas para seguir adelante y centrarse en su bienestar.

• Enfócate en el autocuidado: haz actividades que favorezcan tu bienestar físico y emocional. Después de que Javier experimentara *ghosting* por parte de su pareja, se sintió herido y desorientado. En lugar de quedarse atrapado en la tristeza, decidió enfocarse en su autocuidado para mejorar su bienestar físico y emocional. Javier empezó a seguir una rutina de ejercicios diaria en el gimnasio y a practicar yoga. Encontró que la actividad no solo mejoraba su estado físico, sino que también le ayudaba a despejar la mente y reducir el estrés. Además, comenzó a preparar comidas saludables, experimentando con nuevas recetas y disfrutando de una dieta equilibrada. Para cuidar su bienestar emocional, Javier se permitió tiempo para relajarse y disfrutar de sus hobbies. Se apuntó a una clase de pintura, una actividad que siempre había querido probar, y encontró placer y paz en la expresión artística. También dedicó tiempo a la lectura de libros motivacionales y meditó a diario, lo que le ayudó a mantener una mente tranquila y centrada. Al enfocarse en estas actividades de autocuidado, Javier no solo mejoró su salud física y mental, sino que también encontró nuevas formas de disfrutar su tiempo y sentirse bien consigo mismo. Este enfoque en el autocuidado le permitió recuperarse emocionalmente y fortalecer su autoestima, y le recordó que su bienestar dependía de sus propias acciones y decisiones.

• Aprende de la experiencia: reflexiona para aprender la lección y así evitar futuras situaciones. Después de que Marta experimentara *ghosting* por parte de alguien con quien había estado saliendo durante varios meses, se sintió muy dolida y confundida. En lugar de quedarse estancada en la frustración, decidió reflexionar sobre la situación para aprender y evitar que le ocurriera algo similar en el futuro. Marta se tomó un tiempo para analizar la relación desde el principio. Recordó ciertos comportamientos y señales de advertencia que había pasado por alto, como la inconsistencia en la comunicación y la falta de compromiso en los planes a largo plazo. Se dio cuenta de que había ignorado estas señales porque quería creer en el potencial de la relación. Para aprender de esta experiencia, Marta hizo una lista de las cualidades y comportamientos que consideraba esenciales en una pareja y de las señales de advertencia que debía tener en cuenta en el futuro. Decidió que valoraría más la consistencia, la comunicación abierta y el compromiso en sus futuras relaciones. También se inscribió en un taller de inteligencia emocional, donde aprendió a reconocer y gestionar mejor sus propias emociones. Durante el taller, practicó habilidades para establecer límites saludables y mejorar su capacidad para identificar y abordar comportamientos problemáticos desde el principio. Al reflexionar y aprender de la experiencia, Marta se sintió más empoderada y preparada para futuras relaciones. Sabía que, aunque no podía controlar las acciones de los demás, podía usar lo aprendido para proteger su bienestar emocional y tomar decisiones más informadas en el futuro.

Cómo construir relaciones sanas después del *ghosting*

Para que consigas construir relaciones sanas tras sufrir *ghosting*, algo que estoy segura de que harás, me gustaría compartir contigo los siguientes consejos:

- Establece una comunicación clara: sé consciente de que la comunicación abierta y la sinceridad son dos pilares importantes en las relaciones, que pueden favorecer la fortaleza de los vínculos.
- Pon límites: comunica tus necesidades y expectativas y pon freno a aquello con lo que no estés de acuerdo.
- Prioriza la autenticidad: la transparencia y la sinceridad fomentan un ambiente seguro donde cada uno pueda ser y actuar como es en realidad. Así es como se consolida una conexión emocional.
- Aprende y desarróllate: superar el *ghosting* es una oportunidad para crecer porque te permite aplicar lo aprendido en futuras relaciones y contribuir a que cada vez sean más sanas.

Además de estos consejos, te propongo un ejercicio muy personal que te ayudará a empezar a sanar tus heridas, ¡así es que vamos a recuperar nuestro diario!

Paso 1: Escríbele una carta

Escríbele una carta a la persona que te hizo *ghosting* en la que expreses tus sentimientos sin restricciones. Da igual cómo te expreses, su extensión... déjate llevar y haz que fluyan tus pensamientos y sentimientos. Esto te ayudará a liberar emociones reprimidas y será muy terapéutico para ti.

Este ejercicio te ayuda a:

- Liberar emociones reprimidas: expresar tus sentimientos y pensamientos sin restricciones permite que afloren las emociones reprimidas. Al escribir la carta, puedes procesar el dolor, la ira, la tristeza y la confusión que la experiencia de *ghosting* te ha causado.
- Aclarar tus sentimientos: expresar con palabras lo que sientes te ayuda a entender mejor tus propias emociones. Este proceso de esclarecimiento es crucial para tu sanación emocional.
- Desahogarte emocionalmente: escribir sobre tu experiencia puede ser un acto catártico. Te permite desahogar tus emociones en un espacio seguro y privado, lo que puede ser muy reconfortante.

Paso 2: Lista de fortalezas y logros

Después, haz una lista de fortalezas personales y logros que no tengan que ver con las relaciones para aumentar tu autoestima. Pueden ser logros en el trabajo, en las relaciones con tus amigos, en tu familia, pequeños retos que te hayas puesto y hayas cumplido... Darte cuenta de que eres mucho más que una relación sentimental fallida te dará fuerzas para seguir adelante.

Este ejercicio te ayuda a:

- Aumentar tu autoestima: al enfocarte en tus logros y fortalezas, recordarás tus habilidades y capacidades. Esto te ayuda a reconstruir tu autoestima y confianza en ti misma, que pueden haber quedado afectadas por el *ghosting*.
- Cambiar tu perspectiva: reconocer tus éxitos y cualidades positivas te permite ver que tu valor no depende de una relación romántica. Eres una persona completa y valiosa por ti misma.
- Reforzar tu identidad: este ejercicio refuerza tu identidad independientemente de las relaciones sentimentales y te recuerda que tienes muchas áreas en tu vida en las que destacas y alcanzas metas.

Paso 3: Visualización positiva del futuro

Por último, visualiza de forma positiva cómo será tu futuro, en el que no habrá cabida para esa persona, y ábrete a nuevas oportunidades.

Este ejercicio te ayuda a:

- Fomentar una mentalidad positiva: visualizar un futuro brillante y lleno de posibilidades te ayuda a adoptar una mentalidad optimista. Te enfocas en lo que está por venir en lugar de quedarte atrapada en el pasado.
- Abrirte a nuevas oportunidades: al imaginar un futuro sin la persona que te hizo *ghosting,* te preparas mental y emocionalmente para nuevas experiencias y relaciones. Te abres a la posibilidad de conocer a personas que te valoren y respeten.
- Crear un camino proactivo: este ejercicio te motiva a construir un futuro mejor. Te impulsa a seguir adelante con tus planes, metas y sueños, sabiendo que mereces lo mejor.

Hacer estos ejercicios te ayudará a procesar tus emociones, fortalecer tu autoestima y mirar hacia el futuro con esperanza y determinación. Te brinda una vía para sanar, crecer y seguir adelante con confianza y positividad.

Las mujeres malqueridas

Para cerrar este capítulo sobre el *ghosting* me gustaría hablarte del concepto creado por la autora Mariela Michelena de las «mujeres malqueridas», que va más allá de barreras socioculturales y aúna a mujeres que sufren relaciones tóxicas en su vida. Si has sido malquerida, sabrás que los vínculos de pareja dentro de este contexto destacan por el desamor, la manipulación, las faltas de respeto y la violencia emocional (el *ghosting* es una de ellas).

¿Cómo podemos detectar que somos una mujer malquerida en nuestra relación? Detectar si eres una mujer malquerida en una relación puede ser crucial para tomar decisiones saludables. Aquí tienes algunas señales adicionales que pueden indicar que estás en una relación perjudicial:

- Tu pareja o la persona que estás conociendo controla tus acciones y decisiones: notas que tu pareja insiste en tomar todas las decisiones importantes por ti, desde lo que debes vestir hasta a quién puedes ver o dónde puedes ir. Esto indica un comportamiento controlador que puede erosionar tu autonomía y autoestima.
- Hay desequilibrio en el poder y la atención: observas que la relación parece girar completamente en torno a las necesidades y deseos de tu pareja o de la persona que estás conociendo, mientras que tus propias necesidades y deseos son constantemente ignorados o minimizados. Este desequilibrio en el cuidado y la atención puede ser una señal de una relación desigual y poco saludable.

- Experimentas abuso emocional o físico: además de las humillaciones y amenazas mencionadas, puedes notar que estás siendo objeto de abuso emocional o físico por parte de tu pareja. Esto puede manifestarse en forma de insultos, manipulación emocional, intimidación o incluso violencia física. Es importante reconocer estas señales y buscar ayuda de inmediato. Al reconocer estas señales y entender que mereces una relación saludable y respetuosa, puedes tomar medidas para protegerte y buscar el apoyo necesario para salir de una situación dañina.

- Te sientes constantemente insegura o ansiosa: siempre estás preocupada por hacer algo mal o molestar a tu pareja, y su posible desaprobación te genera ansiedad. Esto puede indicar un ambiente emocionalmente inestable y poco saludable en la relación.

- Te sientes culpable o responsable de los problemas en la relación: a menudo te encuentras asumiendo la responsabilidad por los problemas o conflictos en la relación, incluso cuando sabes que no son principalmente culpa tuya. Tu pareja puede manipularte para hacerte sentir culpable, lo que refuerza su control sobre ti.

- Tu pareja te menosprecia o menosprecia tus logros: en lugar de apoyarte y celebrar tus éxitos, tu pareja puede menospreciar tus logros o desvalorizar tus esfuerzos. Esto puede hacer que te sientas poco valorada y reducir tu autoestima con el tiempo.

- Sientes miedo de expresar tus opiniones o deseos: te sientes restringida o cohibida al expresar tus opiniones, deseos o necesidades en la relación, por temor a la reacción negativa de tu pareja. Esto puede crear un ambiente de represión emocional y dificultar la comunicación abierta y honesta.

- Tu bienestar emocional y físico está en riesgo: si sientes que tu salud emocional o física está en peligro debido a la relación, es una señal clara de que estás en una situación dañina. Es importante priorizar tu seguridad y bienestar, incluso si eso significa alejarte de la relación. Como ya anticipábamos, el fenómeno del *ghosting*, con su característica desaparición abrupta y sin explicación en las relaciones, se relaciona con las mujeres malqueridas mediante una sensación de abandono y confusión emocional. En el *ghosting*, la falta de cierre y comunicación nos deja la sensación de haber sido abandonadas en un estado de incertidumbre, y esa ausencia de afecto genuino puede generar una sensación persistente de desvalorización.

A continuación, voy a compartir contigo la historia de una de mis pacientes y cómo ella aprendió y se fortaleció tras la experiencia vivida.

La historia de Marcela con el *ghosting*

La protagonista de esta historia conoció a un chico que le gustaba y decidió quedar con él. Unos días después de la primera cita, él se fue de viaje al extranjero para ver a su familia y, desde ese momento, cortó la comunicación con Marcela.

La primera cita fue muy bonita, Marcela conectó física y mentalmente con él y finalmente se acostaron. A la mañana siguiente, él le escribió para decirle que le había gustado mucho pasar un rato con ella y que estaría bien volver a quedar, pero que de momento no iba a poder ser. De todas formas, él siguió escribiendo durante un tiempo y quedaron otro día para verse en alguna de las dos casas; quedaron en la de ella y volvieron a acostarse.

En cuanto él se marchó de viaje, se esfumó, y Marcela comenzó a justificar su falta de comunicación porque entendió que él estaba visitando a su familia y que estaría enfocado en disfrutar de ellos sin ver el móvil.

Marcela les contó esta historia a sus amigas y les explicó que estaba muy ilusionada con el hecho de haber conectado por fin con alguien después de tanto tiempo. Sin embargo, según la conversación fue avanzando, sus amigas detectaron banderas rojas que Marcela debería haber tenido en cuenta.

Una de las amigas, Laura, le dijo: «Marcela, entiendo que estés ilusionada, pero no puedes ignorar que él no fue claro sobre cuándo volvería a verte. Además, el hecho de que desaparezca así, sin avisar, no es una buena señal».

Otra amiga, Ana, añadió: «Sé que quieres confiar en él, pero su comportamiento es inconsistente. Prometer que quedaréis y luego desaparecer sin explicación es una falta de respeto».

Marcela, aunque inicialmente a la defensiva, comenzó a reflexionar sobre lo que decían sus amigas. Recordó las ocasiones en las que él no respondía a sus mensajes durante días y cómo se sentía ansiosa esperando una señal de él. Se dio cuenta de que había estado ignorando su intuición y las señales de advertencia porque estaba deseando encontrar una conexión.

Esa noche, Marcela decidió escribirle una carta al chico, aunque sabía que nunca se la enviaría. En la carta, expresó todo lo que sentía: la alegría de haberlo conocido, la tristeza por su desaparición y la confusión por su comportamiento. Al escribir, sintió cómo se liberaban sus emociones reprimidas y encontró una sensación de paz.

Luego, hizo una lista de sus fortalezas y logros, recordando su éxito en el trabajo, sus amistades leales y el amor de su familia. Esto la ayudó a recordar que su valor no dependía de una relación fallida.

Finalmente, Marcela visualizó un futuro sin él, lleno de nuevas oportunidades y experiencias. Se prometió a sí misma no conformarse con menos de lo que merecía y mantenerse abierta a nuevas personas que la valoraran de verdad.

Unas semanas después, para sorpresa de Marcela, él reapareció con un mensaje casual, como si nada hubiera pasado. Le escribió diciendo que estaba de vuelta en la ciudad y que le gustaría verla de nuevo. Sin embargo, sus intenciones eran claras: quería reanudar la relación casual que habían tenido.

Marcela, al haber reflexionado y crecido desde la última vez que se vieron, respondió con firmeza. Le dijo que no estaba interesada en continuar una relación con alguien que no la valoraba y que desaparecía sin explicación. Agradeció las experiencias compartidas, pero dejó claro que merecía algo mejor.

Él intentó convencerla, pero Marcela se mantuvo firme en su decisión. Sabía que su bienestar emocional era más importante que cualquier promesa vacía. Al despedirse de él, sintió una gran liberación y una certeza renovada de que estaba en el camino correcto.

Con el tiempo, Marcela continuó creciendo y se abrió a nuevas oportunidades sintiéndose más fuerte y segura de sí misma. Había aprendido a valorarse y a no conformarse con menos de lo que merecía, y esa lección la acompañaría en todas sus futuras relaciones.

¿Qué *red flags* relacionadas con el *ghosting* puedes detectar en esta historia que nos dan señales sobre cómo prosperará la relación? Estas son las principales:

1. La primera cita fue bien y él propuso una segunda, lo cual parece bueno. Pero es importante ver que también fue él

quien propuso que esta segunda cita fuera en casa de uno de los dos. Esta es una forma de enmascarar la intención que tiene él de quedar en un espacio a solas en el que se pueda volver a dar una relación sexual, por lo que deberíamos valorar si esta persona está solamente interesada en tener sexo o quiere algo más.

2. Entre cita y cita hubo comunicación y bastante interés por parte de los dos, pero, una vez que se fue de viaje, nuestra protagonista fue la única que mantuvo el interés, ya que él no volvió a escribir. No es justificable que la comunicación deje de ser fluida porque esté ocupado o disfrutando con su familia. Se puede sacar un momento a lo largo del día para mandarle un mensaje a la otra persona y no permitir que piense que te estás desinteresando.

No se trata de que ahora nuestra protagonista no le escriba más por dignidad, sino porque, si lo hiciera, correría el riesgo de ir detrás de él buscándolo y, seguramente, no exista ningún interés por la otra parte. Sin embargo, él volvió a comunicarse con ella, momento en el que ella podría haber seguido con el juego a ver qué pasaba (porque podría pasar), pero siempre con la idea de que la relación no va a prosperar (y no pasa nada). Ella podría haber decidido seguir probando, y, para tantear, podría haber propuesto planes en los que el sexo, al menos *a priori*, quedara en segundo plano, como salir a merendar, al cine, a dar un paseo, etc., es decir, citas que no den pie a quedarse a solas. De esta manera podría haber visto si él aceptaba y estaba abierto a algo más o si, al contrario, solo estaba interesado en una relación casual como amigos con derecho a roce.

En conclusión, gracias a la historia de Marcela nos damos cuenta de que identificar estas banderas rojas no implica que la relación no vaya a ser buena y sana en un futuro, porque el comportamiento humano no es predecible al cien por cien, pero detectarlas nos ayuda a protegernos, a saber dónde poner límites y a estar preparadas para cualquier revés que pueda surgir.

Antes de cerrar este capítulo, lo que me gustaría que sacases en limpio es que, aunque a veces nos crucemos con el fantasma del *ghosting* y nos veamos vinculadas en relaciones que parecen montañas rusas del terror, tenemos el superpoder y las herramientas para superarlo y salir más fuertes. Estamos aquí para escribir nuestra propia historia y no hay *ghosting* que pueda apagar nuestro brillo interior. ¿Preparada para el próximo capítulo? Ahora que sabes lo que no quieres, vamos a dibujar juntas cómo es una relación de pareja extraordinaria. ¡Sigue leyendo!

9. Seis hábitos para una relación de pareja extraordinaria

Tras todo lo aprendido y con todas las herramientas personales adquiridas hasta ahora, llega el momento de centrarnos en la construcción de relaciones a largo plazo. Ahora toca que, juntas, aprendamos a mantener viva la chispa del amor y a superar los desafíos comunes que surgen mientras la relación evoluciona; porque no se trata solo de atraer una relación de pareja sana, sino de que, una vez hayas reconocido al amor de tu vida y te hayas vinculado con él, seas capaz de sostener la relación en el tiempo.

Ya sabes que las relaciones de pareja pueden ser lo más constructivo del planeta, pero también lo más destructivo. ¿A cuántas de nosotras nos ha pasado que, tras una relación de pareja fallida, nos hemos hundido en la miseria? Es normal, el desamor duele, pero lo que podemos sacar en limpio de estas situaciones de duelo amoroso es que una relación de pareja fallida es una palanca de aprendizaje, y, para ello, quiero compartir contigo algunas pautas para conseguir que tu futura relación de pareja te lleve a niveles de amor y de paz que ni creías que existían.

En este capítulo sobre relaciones extraordinarias no puedo dejar de citar el libro *Cómo atraer el amor: Principios del mundo metafísico/cuántico*, de Laín Calvo. Me he inspirado en este autor para desarrollar los seis hábitos que hacen a una pareja extraordinaria. Te recomiendo su lectura, ya que creo que es un complemento superpotente a mi libro anterior. *Ahora Yo: guía práctica para salir del bucle de relaciones fallidas.* Me he basado en estos dos libros para crear la lista de hábitos que harán de tu relación algo extraordinario, y lo más importante, que una vez encuentres el amor y tengas una relación de pareja estable, seas capaz de sostenerla y nutrirla en el tiempo. Has de saber que construir una relación de pareja puede ser uno de los pilares fundamentales de tu vida y, para comprender si tu relación amorosa es recíproca y cómo tu pareja te muestra su cariño, debes conocer estos seis hábitos que, a mi modo de ver, son fundamentales para que una relación funcione.

Los seis hábitos para una relación de pareja extraordinaria

Sé que en el amor nada está escrito, pero creo que, tras años de terapia en este ámbito, este resumen de seis puntos puede ayudarte a mejorar tu relación presente o futura y llevarla al siguiente nivel. Toma nota: estos son los seis hábitos para construir una relación extraordinaria.

1. Tener fe

En términos espirituales, la fe es creer en lo que no se ve, la certeza de lo que se espera. En este sentido, si todavía no has atraído a tu vida una relación de pareja es fundamental que creas que vas a tenerla. Será esa fe la que te llevará a prepararte para cuando llegue, y, lo más importante, será esta fe la que te hará reconocer al amor de tu vida y a no distraerte.

Ejercicio para cultivar la fe en la atracción de una relación de pareja

Paso 1: Visualización creativa

1. Encuentra un lugar tranquilo:
   - Siéntate en un lugar cómodo donde no te molesten.
   - Cierra los ojos y respira profundamente varias veces para relajarte.

2. Imagina tu vida con tu pareja ideal:
   - Visualiza cómo sería tu vida diaria con esa persona especial.
   - Imagina los momentos felices que compartiríais juntos: salidas, conversaciones, actividades conjuntas.
   - Siente las emociones positivas, como amor, alegría y seguridad, que esta relación te brindaría.

3. Detalla las características de tu pareja ideal:
   - Visualiza tanto las cualidades físicas como las emocionales y espirituales.
   - Piensa en cómo te trataría, cómo te haría sentir y qué valores compartiríais.

Paso 2: Afirmaciones positivas

1. Escribe afirmaciones en un cuaderno:
   - «Yo soy digna de una relación amorosa y saludable».
   - «El amor de mi vida viene de camino a mí».
   - «Estoy preparada para recibir y dar amor verdadero».

2. Repite las afirmaciones todos los días:
   - Di estas afirmaciones en voz alta cada mañana y cada noche.

- Cree en cada palabra que dices y siente la emoción de que ya es una realidad en tu vida.

Paso 3: Preparación práctica

1. Prepara tu entorno para recibir a tu pareja:
   - Organiza tu espacio de manera que sea acogedor y cómodo para otra persona.
   - Deja un espacio libre en tu vida y en tu hogar para que tu futura pareja pueda encajar fácilmente.

2. Actúa como si tu pareja ya estuviera en tu vida:
   - Haz cosas que disfrutarías haciendo en pareja, como cocinar una cena especial o planear una salida divertida.
   - Vive tu vida de manera completa y feliz, disfrutando de tu propia compañía y la de amigas y familia, para crear así una energía positiva que atraiga amor.

Paso 4: Reflexión y gratitud

1. Escribe en un diario de gratitud:
   - Anota diariamente tres cosas por las que estés agradecida en tu vida actual.
   - Incluye gratitud por el amor que estás atrayendo, aunque aún no se haya manifestado.

2. Reflexiona sobre tus progresos:
   - Cada semana, dedica un tiempo a reflexionar sobre cómo te sientes y si has notado algún cambio en tu percepción o en tu vida.
   - Ajusta tus visualizaciones y afirmaciones si sientes que es necesario.

La fe es una herramienta poderosa en la manifestación de tus deseos. Mantén una actitud positiva, sigue estos pasos con constancia y paciencia, y abre tu corazón para recibir el amor que mereces.

Recuerda que el amor no solo consiste en atraer a otra persona, sino también en cultivar el amor propio y la fe en que mereces una relación plena y feliz.

2. Aprender a comunicarte desde tu esencia

Las parejas que funcionan bien se comunican constantemente tanto en lo bueno como en lo malo. Tienen, digamos, una confianza plena en la otra persona. Una relación de pareja debe ser un reino fortificado y unido. En este sentido, el rey y la reina son uno, toman decisiones conjuntas y no se dividen. Así, el reinado será la base y la comunicación, la herramienta.

Ejercicio para aprender a comunicarte desde tu esencia

Paso 1: Autoconocimiento
1. Reflexiona sobre tus valores y creencias:
    - Dedica unos minutos cada día a reflexionar sobre tus valores y creencias más profundos.
    - Escribe en un cuaderno cuáles son tus principios fundamentales y qué cosas son importantes para ti en una relación.

2. Identifica tus emociones:
    - Practica la identificación de tus emociones en diferentes situaciones.
    - Anota cómo te sientes y por qué crees que te sientes así. Esto te ayudará a entenderte mejor y a comunicarte más claramente.

Paso 2: Comunicación sincera

1. Practica la sinceridad contigo misma:

   • Antes de comunicarte con tu pareja (si tu pareja aún no ha llegado a tu vida puedes practicar con algún amigo, amiga, jefe, jefa, familiares, etc.), asegúrate de que entiendes lo que de verdad sientes y piensas.

   • Sé sincera contigo misma sobre tus necesidades y deseos.

2. Usa el «yo» en tus frases:

   • En lugar de decir «Tú haces que me sienta [...]», di «Yo me siento [...] cuando [...]».

   • Esto ayuda a evitar culpas y fomenta una comunicación más abierta y comprensiva.

Paso 3: Escucha activa

1. Escucha sin interrumpir:

   • Cuando tu pareja esté hablando (si no tienes pareja puedes practicar con algún amigo, amiga, jefe, jefa, familiares, etc.), céntrate en escuchar sin interrumpir.

   • Muestra empatía y trata de entender su perspectiva sin juzgar.

2. Parafrasea y valida:

   • Repite lo que tu pareja (si tu pareja aún no ha llegado a tu vida puedes practicar con algún amigo, amiga, jefe, jefa, familiares, etc.), ha dicho con tus propias palabras para asegurarte de que lo has entendido correctamente.

   • Valida sus sentimientos diciendo algo como «Entiendo que te sientas así porque [...]».

Paso 4: Comunicación en tiempos de conflicto

1. Mantén la calma:
   - Si sientes que tus emociones son muy intensas y no las puedes controlar, tómate un momento para calmarte antes de hablar.
   - Respira profundamente y recuerda tus valores y objetivos para la comunicación.

2. Buscad soluciones conjuntas.

Paso 5: Construcción de la confianza

1. Comparte tus pensamientos y sentimientos regularmente:
   - No esperes a que se acumulen los problemas. Habla con tu pareja regularmente sobre tus sentimientos y pensamientos. Esto crea una base sólida de confianza y comprensión mutua.

2. Cumple tus promesas:
   - La confianza se construye mediante acciones coherentes. Asegúrate de cumplir lo que prometes.
   - La consistencia en tus palabras y acciones fortalece la confianza en la relación.

La comunicación desde tu esencia implica ser honesta y auténtica tanto contigo misma como con tu pareja. Recuerda que la base de una buena comunicación es la confianza y el respeto mutuo.

3. Conocer tu tipo de energía: femenina o masculina

Para poder crear tu reino es importante que entiendas la diferencia entre lo que se conoce como «energía masculina» y «energía femenina». En una relación, esto es independiente del sexo de cada miembro de la pareja. No tiene que ver con ser hombre o mujer; hay hombres con energía femenina y mujeres con energía masculina. Sin embargo, las energías se juntan por polaridad, por lo que, por lo general, uno siempre tendrá la energía masculina y el otro la energía femenina, y es que los polos opuestos se atraen en las relaciones y necesitan complementarse.

Como ya he comentado, las personas, independientemente de su género, tienden a abordar los problemas de manera diferente. Pero si hablamos de energías, cuando hay un problema, una persona con energía masculina no suele comunicarlo, sino que se aísla, se va a su cueva, lo resuelve y regresa cuando ya está resuelto. En cambio, una persona con energía femenina opta por la comunicación, no siempre en busca de una solución, sino porque necesita ser escuchada. E, insisto, esto es independiente del sexo de la persona.

Si tu pareja tiene energía masculina y algo le angustia, no querrá que le des soluciones ni expresará fácilmente sus problemas. En cambio, si tiene energía femenina, compartirá sus preocupaciones contigo y con los demás.

Es crucial conocer la forma de afrontar los problemas de la energía masculina y la femenina, ya que así sabrás por qué se comporta así tu pareja en diversas situaciones. Si no comprendes estas diferencias y actúas según tus propias expectativas, puedes destruir la armonía en tu relación.

Aquí tienes algunos ejemplos de cómo estas diferencias pueden manifestarse en situaciones cotidianas:

1. Comunicación durante el conflicto:
   • Energía masculina: tiende a ser más directa y orientada a solucionar problemas de manera práctica.
   • Energía femenina: tiende a valorar más la expresión emocional y la empatía durante el conflicto. Busca una conexión emocional antes de abordar la solución.

2. Toma de decisiones:
   - Energía masculina: tiende a ser más analítica y orientada hacia el objetivo. Prioriza la lógica y la eficiencia en la toma de decisiones.
   - Energía femenina: suele tener más en cuenta los sentimientos y las implicaciones emocionales en la toma de decisiones, y valora más la consulta y la colaboración.

3. Gestión del estrés:
   - Energía masculina: suele centrarse en llevar a cabo acciones para resolver el problema que causa estrés mediante actividades físicas o soluciones concretas.
   - Energía femenina: tiende a buscar el apoyo emocional y la conexión con otros para aliviar el estrés. Puede preferir hablar sobre sus sentimientos y recibir consuelo.

4. Expresión de afecto:
   - Energía masculina: tiende a manifestarse mediante gestos o acciones que demuestren protección y cuidado. Puede ser más reservada en la expresión verbal de afecto.
   - Energía femenina: tiende a expresar afecto mediante palabras cariñosas, contacto físico y gestos de ternura. Valora la comunicación abierta y expresiva en las relaciones.

5. Abordaje de las relaciones sociales:
   - Energía masculina: tiende a centrarse más en las actividades compartidas o intereses comunes.
   - Energía femenina: tiende a priorizar la conexión emocional y el intercambio personal en las relaciones sociales, buscando intimidad y comprensión mutua.

Estos son solo algunos ejemplos generales, y es importante recordar que no todos los individuos se ajustan estrictamente a estos patrones. La comprensión y la aceptación de las diferencias individuales dentro de una relación es clave para mantener la armonía y la conexión emocional.

Llegados a este punto, me parece fundamental aclarar lo siguiente: sin energía masculina que proteja y accione la creatividad de la energía femenina no sería posible sobrevivir como especie, y sin la energía femenina creando y comunicando la dirección que ha de tomar la energía masculina, esta no podría accionar. En todo y todos están las dos energías y son igual de necesarias.

Te pongo un ejemplo para que entiendas mejor las diferentes energías de las que disponemos, imagina que tú, como mujer, has identificado que tienes una energía predominantemente masculina y tiendes a resolver los problemas por tu cuenta. Tu pareja, por otro lado, tiene una energía más femenina y prefiere comunicar sus dificultades.

1. Reflexión personal:
   • Te das cuenta de que, cuando hay un problema, tú prefieres aislarte mientras que tu pareja busca hablar y compartir emociones.
   • Anotas tus comportamientos típicos en una lista.
2. Observa tu relación de pareja:
   • Discutes tus observaciones con tu pareja y los dos estáis de acuerdo en la dinámica energética identificada.
   • Tu pareja expresa que a veces siente que no tiene suficiente espacio para compartir sus sentimientos porque tú resuelves los problemas por tu cuenta.
3. Ejercicio de equilibrio energético:
   • Decidís practicar el rol inverso durante una semana. Tú te centrarás más en la comunicación emocional y tu pareja intentará resolver algunos problemas de forma más independiente.
   • Durante la semana, te esfuerzas en pedir la opinión de tu pareja y compartir tus emociones en lugar de resolverlo todo por tu cuenta.

4. Reflexión y ajuste:
  - Al final de la semana, los dos reflexionáis sobre la experiencia y notáis que la comunicación ha mejorado y os sentís más conectados.
  - Ajustáis vuestra dinámica energética diaria para mantener este equilibrio, asegurándoos de que los dos os sentís valorados y comprendidos.

Conocer y equilibrar tu tipo de energía, ya sea femenina o masculina, puede fortalecer significativamente tu relación de pareja.

4. Asumir el cien por cien de responsabilidad

Cada uno de los miembros de una pareja tiene que responsabilizarse al cien por cien de sí mismo y de la relación. En una relación, cada uno de los miembros es cien por cien responsable de cada situación que se dé, sea positiva o negativa. Debemos derrocar la idea de la media naranja y ser una naranja completa, solo así podremos aportar desde el máximo nivel a nuestra relación sin caer en vínculos tóxicos basados en las carencias personales y en la dependencia emocional extrema.

Si cada persona de la pareja aporta solo un cincuenta por ciento, habrá problemas cuando una de las partes pase por momentos complicados o tenga dudas, y aparecerán los roles de victimismo y los reproches. Si una persona se encuentra en un estado de vulnerabilidad o necesita apoyo adicional, la ausencia de un respaldo sólido por parte de su pareja puede hacer que se sienta abandonada o incomprendida. Esto puede llevar a que la persona que pasa un momento difícil adopte un papel de víctima y se sienta agraviada por la falta de apoyo emocional o práctico. Al mismo tiempo, la otra parte puede sentirse resentida por tener que asumir una carga desproporcionada de responsabilidades en la relación. Esto puede dar lugar a reproches y conflictos, lo que erosiona aún más la confianza y la conexión emocional en la pareja.

En resumen, una contribución equitativa y un apoyo mutuo son fundamentales para mantener la estabilidad y la salud de una relación durante los momentos difíciles. Debemos tener en cuenta que, cuando no asumimos el cien por cien de responsabilidad en la relación, tendemos a asumir el rol de víctima y el otro miembro, que quizá no esté en ese rol, empezará a buscar culpables; os criticaréis y justificaréis y haréis todo lo que no tiene que hacer una pareja que se ama, que sería cultivar una comunicación abierta, mostrar respeto y apoyo mutuo, comprometerse con el crecimiento conjunto y practicar la empatía, todo ello fundamental para construir y mantener una relación amorosa saludable y satisfactoria. Por el contrario, cuando dos personas completas se responsabilizan al cien por cien, se accede a un espacio sagrado donde la solución y la comunicación fluyen.

Lo dicho: no hay que buscar medias naranjas; cuando dos personas completas y trabajadas se unen, automáticamente saben adónde tienen que ir. Y si hay un propósito común, muchísimo mejor.

Te pongo el ejemplo de una pareja que vino a consulta para que lo entiendas mejor:

María y Juan llevan cinco años de relación. Aunque se aman profundamente, últimamente las cosas no están yendo del todo bien. María siente que Juan no está asumiendo suficiente responsabilidad en la casa, lo que la hace sentirse sobrecargada y resentida. Juan, por su parte, siente que María no valora su esfuerzo en el trabajo y se siente poco apreciado. Ambos están atrapados en un ciclo de frustración y descontento.

Una noche, después de un día particularmente agotador, María decide hablar con Juan. Se sientan en el sofá, y comienza a expresar sus sentimientos: «Me siento muy cansada, Juan. Siento que estoy llevando toda la carga del hogar y no puedo hacerlo sola. Necesito tu ayuda», dice con voz suave pero firme. Juan, sorprendido por la apertura de María, reflexiona sobre sus propias acciones. Se da cuenta de que ha estado desconectado emocionalmente y no ha mostrado suficiente aprecio por el esfuerzo de María en el hogar.

En lugar de reaccionar a la defensiva, Juan decide escuchar. «Entiendo, María. No me había dado cuenta de cuánto te estaba afectando esto. Yo también he estado sintiéndome mal porque no siento que se aprecie mi esfuerzo en el trabajo», confiesa. Esta conversación inicial abre una puerta para que ambos hablen sinceramente sobre sus sentimientos y necesidades.

Ahora que entienden mejor lo que está pasando, deciden trabajar juntos para encontrar una solución. Se sientan a la mesa de la cocina con una libreta y un bolígrafo y comienzan a hacer una lista de todas las tareas del hogar. Juntos, dividen las responsabilidades de manera más equitativa. Juan se compromete a asumir más tareas en la cocina y la limpieza, mientras que María promete expresar su aprecio por el arduo trabajo de Juan de manera más regular.

Durante las siguientes semanas, ambos ponen en práctica estos cambios. María nota que Juan ha comenzado a cocinar más y a ayudar con la limpieza. Esto la alivia y le da más tiempo para relajarse y cuidar de sí misma. A su vez, Juan empieza a sentirse más valorado cuando María le agradece su trabajo y su apoyo en casa. Esta nueva dinámica les permite conectarse de una manera más profunda y significativa.

Una noche, después de cenar, se sientan juntos en el sofá nuevamente. Juan, con una sonrisa, le dice a María: «Gracias por hablar conmigo aquella noche. Siento que estamos mucho más conectados ahora». María asiente sintiéndose agradecida por haber tenido el valor de expresar *sus sentimientos y por la disposición de Juan a escuchar y a cambiar.*

A través de esta experiencia, María y Juan aprenden una valiosa lección: la importancia de asumir el cien por cien de responsabilidad en su relación. Entienden que no se trata de dividir las responsabilidades por la mitad, sino de que cada uno se comprometa plenamente con ser responsable tanto de sí mismo como de la relación. Al hacerlo, evitan asumir roles de víctima y reproches y, en cambio, crean una relación basada en el apoyo mutuo, la comunicación abierta y el respeto.

Así, María y Juan descubren que, cuando ambos asumen la responsabilidad completa, acceden a un espacio donde la solución y la comunicación fluyen. Aprenden que no necesitan buscar a su media naranja, porque cada uno es una naranja completa. Y, al unirse desde ese lugar de integridad y plenitud, encuentran un propósito común que fortalece aún más su amor y su conexión.

La historia de María y Juan es un recordatorio de que asumir la responsabilidad completa en una relación no solo fortalece el vínculo, sino que también permite que ambos miembros crezcan y se apoyen mutuamente. Al ser completas y trabajadas, las parejas pueden afrontar cualquier desafío y construir una relación duradera y satisfactoria.

5. *Tener una visión y un propósito común*

Esto se traduce en la idea de remar en la misma dirección, tener una visión y valores conjuntos. Es decir, un boceto de adónde queréis llegar. Tener una visión y un propósito común es fundamental para cualquier relación, también las laborales; si todos los implicados tenéis este propósito común, será más fácil complementarse en diversas áreas: tareas, profesiones, visiones, inversiones y más.

Imagina, por ejemplo, una pareja que solo tiene en común a sus hijos. Si uno de los dos trabaja mientras el otro se queda en casa cuidándolos, es muy probable que surjan resentimientos y problemas. No puedes basar una relación únicamente en la crianza de los hijos; debes compartir un propósito que vaya más allá, independientemente de si hay hijos o no.

Cuando se tiene una visión y propósito común, la complementariedad se vuelve natural. Cada persona puede aportar sus habilidades y conocimientos únicos para alcanzar los objetivos compartidos. Por ejemplo, si uno de los dos es mejor gestionando las finanzas y el otro es excelente en la planificación a largo plazo, pueden dividir las tareas de manera que ambos contribuyan de forma eficaz a su bienestar financiero.

Es esencial mantener una comunicación abierta y constante para asegurar que los dos miembros de la pareja sigan alineados con el propósito común. La vida y las circunstancias cambian, por lo que es vital estar dispuestos a ajustar los planes y estrategias como sea necesario. Revisar regularmente los objetivos y cómo se están alcanzando puede ayudar a mantener el enfoque y la armonía en la relación.

Un ejemplo de tener un propósito común podría ser alcanzar una cierta libertad económica. Esto significa que ambos miembros de la pareja acuerdan trabajar juntos para lograr una estabilidad financiera que les permita vivir cómodamente, invertir en su futuro y disfrutar de ciertas libertades que el dinero puede proporcionar. Para alcanzar esto, podrían decidir cómo gestionar sus ingresos, en qué invertir y cómo ahorrar para el futuro.

Otro ejemplo de propósito común en pareja podría ser entender la importancia de la profesión del otro miembro de la pareja y apoyar e impulsar su desarrollo profesional. Esto puede implicar, por ejemplo, compartir responsabilidades en el hogar para que ambos puedan perseguir sus carreras sin sentir que están abandonando sus deberes familiares, planificar juntos el desarrollo de las habilidades de cada uno, buscar oportunidades de crecimiento y apoyarse mutuamente en los desafíos laborales. Y, siguiendo el ejemplo anterior, si la pareja decide tener hijos, es importante discutir qué tipo de familia quieren formar. Esto puede incluir desde el abordaje educativo que desean para sus hijos hasta los valores y principios que quieren inculcarles. También es relevante discutir cómo compartirán las responsabilidades parentales y cómo equilibrarán el tiempo en familia con el tiempo personal y profesional.

Tener una visión y un propósito común es mucho más que una meta concreta; es un compromiso continuo de trabajar juntos hacia un futuro compartido. Esto fortalece la relación, reduce los conflictos y asegura que ambos estén remando en la misma dirección para construir una vida llena de significado y satisfacción para ambos.

6. Debes saber que la otra persona se va a sentir amada

Puede que a veces te preguntes: «¿Cómo puedo saber que mi pareja se siente amada por mí?» o «¿Cómo vamos a saber durante los próximos años que nos seguimos amando mutuamente?». Esta certeza se construye a través de la comunicación abierta y honesta, mostrando apoyo y afecto de formas que son significativas para el otro y estando atentos a las necesidades emocionales y físicas de la pareja. Al reconocer y responder a estas señales, se fortalece el vínculo emocional y se alimenta el amor mutuo a lo largo del tiempo.

Además, en cuanto a la relación, hay algunas cosas que puedes ahorrarte, ya que son acciones sencillas que marcan la diferencia. Por ejemplo, nunca te vayas a dormir enfadada con tu pareja; esta debe ser una regla de oro. Resuelve cualquier conflicto antes de meterte en la cama; mata el monstruo cuando es pequeño y no te duermas sin haber resuelto el conflicto, ya que lo último que haces antes de dormir afecta al subconsciente durante toda la noche. También debes asegurarte de expresar amor, besos y cariño (siempre y cuando seas una persona que valora el contacto físico) y de utilizar los 5 lenguajes del amor: palabras de afirmación, regalos, sorpresas, tiempo de calidad, actos de servicio y contacto físico. Vamos a verlo en más detalle a continuación.

Y recuerda: eres igual de única, especial e importante que tu pareja. Trátate con el mismo cariño y atención con que lo tratarías a él.

Los 5 lenguajes del amor

Los lenguajes del amor son las diferentes formas que tienen las personas de expresar y percibir el amor. Esta idea fue popularizada por el autor Gary Chapman en su libro *Los cinco lenguajes del amor*, en el que se explica que existen distintos lenguajes del amor y se afirma que conocer cuál es el de tu pareja es fundamental para que la relación perdure.

Según Chapman, cada persona tiene un lenguaje del amor primario y comprender el lenguaje del amor de uno mismo y el de la pareja puede mejorar significativamente la comunicación y la conexión emocional en una relación. Los 5 lenguajes del amor son:

- Palabras de afirmación: este lenguaje implica expresar el amor con palabras que construyen y apoyan. Palabras de aliento, elogios y expresiones verbales de afecto son fundamentales para quienes valoran este lenguaje.
- Tiempo de calidad: en este tipo de lenguaje la atención y presencia plena son fundamentales. Pasar tiempo significativo y de calidad juntos, sin distracciones, es la forma principal de expresar amor para quienes valoran este lenguaje.
- Regalos: para algunas personas recibir regalos simboliza el amor y la atención. No tienen que ser caros; lo importante es el detalle y la consideración que hay detrás del regalo.

- Actos de servicio: este lenguaje implica hacer acciones para ayudar y apoyar a la otra persona. Hacer tareas y esfuerzos prácticos para aliviar el estrés o mejorar la vida del ser querido es clave aquí.
- Contacto físico: el contacto físico, como abrazos, besos, caricias y cercanía física, es esencial para quienes valoran este lenguaje. El contacto físico transmite amor y conexión emocional.

Es importante señalar que las personas pueden tener diferentes combinaciones de lenguajes pero, generalmente, tienen uno principal que destaca sobre los demás. Por ejemplo, hay gente que, para sentirse amada, necesita oír palabras de afirmación: «te amo», «te quiero», «te adoro» o «eres el amor de mi vida» son frases que afirman tu amor hacia quien las recibe. Hay personas que no necesitan palabras, sino tiempo de calidad, y por mucho que les digas «te quiero», si no pasas tiempo a su lado no lo sentirán así.

Test de los 5 lenguajes del amor

Aquí tienes un test sencillo test para averiguar tu lenguaje del amor. Elige la opción que más resuene contigo en cada una de las preguntas. Anota las letras de tus respuestas y cuenta cuántas veces elegiste cada letra al final.

Test de los 5 lenguajes del amor
Pregunta 1:
- A. Me gusta que me digan «Te amo» o que me hagan cumplidos.
- B. Disfruto cuando alguien me dedica tiempo y atención exclusiva.
- C. Me siento amada cuando recibo regalos pensados especialmente para mí.

D. Aprecio mucho cuando alguien me ayuda con tareas o hace cosas por mí.

E. Me encanta cuando alguien me abraza, besa o muestra afecto físico.

Pregunta 2:

A. Me hace feliz recibir palabras de aliento y afirmación.

B. Me siento especial cuando alguien planea actividades o tiempo de calidad conmigo.

C. Me encanta recibir regalos inesperados.

D. Valoro mucho cuando alguien se ofrece a ayudarme sin que se lo pida.

E. Me gusta cuando alguien toma mi mano o se sienta cerca de mí.

Pregunta 3:

A. Las palabras amables y de aprecio significan mucho para mí.

B. Me gusta tener largas conversaciones sin distracciones con alguien importante.

C. Me hace feliz recibir regalos sorpresa.

D. Me siento amada cuando alguien se encarga de mis responsabilidades o me alivia de ellas.

E. El contacto físico me hace sentir amada y segura.

Pregunta 4:

A. Me anima recibir palabras de afirmación y apoyo.

B. Disfruto haciendo actividades o pasando tiempo con alguien especial.

C. Recibir un regalo cuidadosamente elegido me hace sentir querida.

D. Aprecio mucho cuando alguien me ayuda a resolver problemas o a hacer tareas.

E. Me encanta el afecto físico, como abrazos y caricias.

Pregunta 5:

A. Me alegra escuchar palabras amables y elogios.

B. Me siento amada cuando alguien hace el esfuerzo de pasar tiempo conmigo.

C. Me encanta recibir regalos, incluso los pequeños detalles.

D. Valoro mucho cuando alguien me ayuda en momentos de necesidad.

E. Me gusta estar físicamente cerca de las personas que amo.

Resultados

- **A - Palabras de afirmación**: si tienes más respuestas A, tu principal lenguaje del amor son las palabras de afirmación. Necesitas oír palabras de amor y aprecio para sentirte amada.

- **B - Tiempo de calidad**: si tienes más respuestas B, tu principal lenguaje del amor es el tiempo de calidad. Disfrutas y valoras pasar tiempo significativo con tu pareja o seres queridos.

- **C - Recibir regalos**: si tienes más respuestas C, tu principal lenguaje del amor es recibir regalos. Los obsequios, grandes o pequeños, significan mucho para ti.

- **D - Actos de servicio**: si tienes más respuestas D, tu principal lenguaje del amor son los actos de servicio. Aprecias cuando los demás hacen cosas por ti.

- **E - Contacto físico**: si tienes más respuestas E, tu principal lenguaje del amor es el contacto físico. El afecto físico es crucial para que te sientas amada.

Ahora que conoces tu principal lenguaje del amor, puedes compartir esta información con tu pareja o seres queridos para que puedan amarte de la manera que te haga sentir más especial. También puedes usar este conocimiento para entender mejor y satisfacer las necesidades emocionales de quienes te importan.

Ahora, para continuar, te dejo este ejercicio.

Ejercicio para descubrir y combinar lenguajes del amor

Se trata de una actividad que se centra en identificar y entender los diferentes lenguajes del amor y cómo combinarlos para mejorar la comunicación y la conexión en las relaciones personales. Como ya hemos visto, los lenguajes del amor son un concepto desarrollado por el dr. Gary Chapman, que identifica las cinco formas principales en que las personas expresan y reciben amor.

Paso 1: haz el test de los lenguajes del amor
1. **Completa el test individualmente:**
   - Si aun no lo has hecho, haz el test de los 5 lenguajes del amor que tienes en el apartado anterior.
   - Responde sinceramente a cada pregunta para obtener el resultado más preciso.
   - Anota tus resultados, y destaca tu principal lenguaje del amor y, si lo deseas, los secundarios.

2. **En caso de que estés en pareja, pide a tu pareja que también complete el test:**
   - Asegúrate de que lo haga de forma individual y sin influencias externas.
   - Anota los resultados de tu pareja, y destaca su principal lenguaje del amor y los secundarios.

Paso 2: comparte y discute los resultados

1. Intercambia resultados:

- Comparte tu principal lenguaje del amor y escucha atentamente el de tu pareja.
- Tómate el tiempo para comprender lo que significa cada lenguaje del amor (palabras de afirmación, tiempo de calidad, recibir regalos, actos de servicio, contacto físico).

2. Discusión abierta:

- Habla sobre ejemplos concretos de cómo te sientes amada según tu lenguaje del amor.
- Pide a tu pareja que haga lo mismo y comparta ejemplos concretos.

Paso 3: planea acciones concretas

1. Crear una lista de acciones:

- Cada uno debe hacer una lista de acciones concretas que el otro puede hacer para hablar en su lenguaje del amor. Ejemplo: si tu lenguaje del amor es tiempo de calidad, podrías sugerir tener una cita semanal sin distracciones.

2. Comprometeos a implementar estas acciones:

- Acordad pequeños gestos mutuos diarios o semanales.
- Es importante que estas acciones sean sinceras y se hagan con amor y dedicación.

Paso 4: reflexiona y ajusta

1. Revisión periódica:

- Después de unas semanas o un mes, tomaros un tiempo para reflexionar sobre cómo os sentís.
- Discutid sobre qué acciones han funcionado bien y cuáles podrían ajustarse o mejorarse.

2. Ajustes y mejoras:

- Estad abiertos a hacer ajustes según sea necesario.
- Recordad que la comunicación es clave, así que mantened una conversación abierta y sincera sobre cómo os sentís ambos.

Ejemplo práctico

Imagina que tu principal lenguaje del amor es «actos de servicio» y el de tu pareja es «palabras de afirmación». Aquí tienes algunas acciones concretas que podríais planear.

- **Para ti (actos de servicio):**
  - Tu pareja podría ayudarte con tareas domésticas o sorpresas prácticas, como preparar el desayuno.
- **Para tu pareja (palabras de afirmación):**
  - Podrías escribirle notas cariñosas o decirle cumplidos sinceros regularmente.

Este ejercicio no solo os ayudará a identificar los lenguajes del amor, sino que también fortalecerá la comunicación y el entendimiento mutuo en la relación.

Ahora ya sabes que el amor se puede expresar de muchas formas y que todas ellas, o la mayoría, pueden englobarse en los 5 lenguajes del amor, teoría que te resultará útil para saber de qué manera expresas amor y de qué manera lo recibes.

Todas merecemos relaciones amorosas plenas y satisfactorias; entonces, ¿por qué muchas me escribís diciendo que no lográis atraer a la persona que queréis a vuestro lado?

Muchas de vosotras, a lo largo de estos años de consulta, me habéis hecho saber que lo único que llega a vuestra vida son relaciones mediocres y tóxicas y, a pesar de que ya habéis trabajado con vuestra niña herida, vuestras máscaras y vuestra autoestima, estáis cansadas de relaciones que no llevan a nada. ¿Qué hay que hacer al respecto? Aquí te dejo algunos consejos:

- Sé auténtica: muestra tu verdadero yo desde el principio. Ser auténtica te permite atraer a personas que realmente conectan contigo y que aprecian quién eres genuinamente. Esto te protegerá de embarcarte en relaciones que están condenadas al fracaso desde el principio.

- Aprende de experiencias pasadas: reflexiona sobre tus relaciones anteriores y extrae lecciones constructivas. Identifica patrones recurrentes y trabaja en cambiar los comportamientos que podrían haber contribuido a relaciones problemáticas.

- Desarrolla la paciencia: a veces, el amor verdadero no llega de inmediato. Sé paciente y date el tiempo necesario para encontrar a alguien que realmente complemente tu vida. Entiendo perfectamente que es desesperante que sientas que estás lista para un amor que no llega, así que aquí te dejo algunas estrategias para desarrollar la paciencia mientras esperas la llegada del amor verdadero:

  • Enfócate en el crecimiento personal: utiliza este tiempo mientras esperas a que llegue el amor que te mereces para concentrarte en tu propio crecimiento personal. Establece metas personales, adquiere nuevas habilidades y trabaja en convertirte en la mejor versión de ti misma. A menudo, el amor llega cuando menos te lo esperas, así que asegúrate de estar construyendo una vida plena por tu cuenta.

  • Cultiva pasatiempos e intereses: llena tu vida con actividades que te apasionen y te brinden alegría. Esto no solo te ayudará a mantenerte ocupada y enfocada en cosas positivas, sino que también te proporcionará oportunidades adicionales para conocer a personas que comparten tus intereses.

  • Aprende a disfrutar de tu propia compañía: exprime al máximo el tiempo que pasas contigo misma. La impaciencia surge cuando nos sentimos incómodas estando solas; por eso aprender a apreciar y a disfrutar de tu propia compañía puede hacer que la espera sea más llevadera.

• Establece metas a corto plazo: en lugar de centrarte exclusivamente en encontrar el amor, establece metas a corto plazo que sean significativas para ti. Pueden ser desde metas profesionales hasta metas personales. Al alcanzar estas metas te sentirás realizada y enfocada en tus propios logros.

• Cambia la perspectiva: en lugar de ver la espera como un período de inactividad, considera este tiempo como una oportunidad para prepararte y crecer. La vida tiene su propio ritmo y, a menudo, las cosas suceden cuando menos lo esperamos.

• Conecta con el presente: concéntrate en el presente en lugar de obsesionarte con el futuro y preocuparte por el porvenir. Disfruta de las experiencias y relaciones que tienes en este momento, ya que estas conexiones son las que nos llevan a nuevas oportunidades.

• Confía en el proceso: la vida tiene su propio ritmo y las cosas no suceden según nuestro calendario; confía en el proceso y en que el amor llegará cuando sea el momento adecuado. La paciencia es un acto de confianza en que las cosas buenas están por venir.

Y recuerda: desarrollar la paciencia no significa simplemente sentarte y esperar; significa construir una vida plena mientras confías en que el amor verdadero llegará cuando menos lo esperes. La paciencia es una habilidad valiosa que se cultiva con el tiempo y la experiencia. ¡Mantén una actitud positiva y sigue trabajando en ti misma!

Conclusión: Este final es tu nuevo comienzo

Antes de despedirme, me gustaría decirte algo: estoy realmente orgullosa de que hayas llegado hasta aquí. Soy consciente de que el camino de aceptar que somos responsables de la elección de nuestras relaciones y que, a veces, las boicoteamos no es fácil, así que te agradezco que hayas sido valiente, paciente y resiliente y que no te hayas rendido a pesar de los obstáculos y del clima adverso con el que te has cruzado en muchos puntos de este viaje.

Ojalá te hayas sentido acompañada por mí en todo momento: durante toda esta travesía, nunca he soltado tu mano. Ojalá, también, mis palabras y mis consejos te hayan servido para sanar y se hayan convertido en tus herramientas para encarar el futuro sin relaciones tóxicas ni sufrimientos amorosos innecesarios. Si he conseguido que tu búsqueda del amor sea mucho más serena y te genere más paz que ansiedad, he logrado mi cometido.

Si ya has encontrado un amor sano, te deseo que lo cuides y que dejes que te cuide; disfruta de este logro y de todos los demás. Si el amor que mereces todavía no ha llamado a tu puerta, ten fe y paciencia, sé tú misma y proyecta lo que quieres; llegará.

No me gustan las despedidas, así que quiero decirte adiós pensando en que este final es tu nuevo comienzo hacia una forma más consciente, sana y exitosa de atraer y mantener relaciones sólidas en tu vida; hacia una manera más positiva de ser la mujer exitosa que eres en lo profesional y en lo personal, también en lo sentimental.

Este camino llega a su fin, gracias por transitarlo conmigo. Ahora se abre un nuevo sendero en el que hallarás lo que deseas en el amor, estoy segura. ¡Disfruta del paseo!

Y si, tras leer este libro, sigues teniendo dudas, deseas profundizar o compartir tu vivencia conmigo, escríbeme a cualquiera de mis redes sociales. Estaré encantada de guiarte en el camino.